中公新書 2521

増本康平著

老いと記憶

加齢で得るもの、失うもの

中央公論新社刊

はじめに

アメリカの神学者ラインホルド・ニーバー（一八九二〜一九七一）の次の言葉をご存じでしょうか。

神よ、
変えることのできるものについて、それを変えるだけの勇気をわれらに与えたまえ。
変えることのできないものについては、それを受けいれるだけの冷静さを与えたまえ。
そして、変えることのできるものと、変えることのできないものとを、
識別する知恵を与えたまえ。（大木英夫訳）

この言葉は、「平静の祈り（Serenity Prayer）」とも呼ばれ、さまざまな場所で引用されています。生活、仕事、健康状態など、私たち自身や私たちを取り巻く環境には、変えられることと変えられないことがあります。この言葉にあるように、変えられることと変えられないことの見定めは、私たちが何を目標にし、その目標をどのように達成すれば良いのかを考えるうえで極めて重要となります。

この言葉を目にした時、高齢期の認知機能の問題にも同じことが当てはまると感じました。特に記憶機能に関しては、記憶力の維持や、低下した記憶の改善など、さまざまな情報が氾濫しています。本書は、加齢により刻々と変化する私たちの記憶について、変えられること、変えられないことを見極めるために、加齢と記憶に関するこれまでの膨大な研究から明らかになった知見を紹介することを目的とします。

私の専門は心理学です。その中でも、意識、注意、感情、記憶、意思決定といった人の情報処理の仕組みを扱う認知心理学を専門としています。加齢が認知機能に及ぼす影響を明らかにするための心理学実験や、脳イメージング装置による記憶の際の脳活動の測定、認知症など脳疾患のある方を対象とした記憶機能の研究に二〇年近く携わってきました。

「物忘れが多くなりました」

「記憶にはまったく自信がありません」

私の研究に参加される多くの高齢者が、記憶の実験前にこう口にします。多くの人が加齢とともに記憶力の低下を感じますが、すべての記憶機能が衰えるわけではありません。記憶には、加齢の影響を受けやすいものと、高齢になっても維持されるものがあります。私たちの記憶が加齢でどのように変化するのか、正しい知識を持つことが、高齢期の記憶の問題に適切に対応するためには不可欠です。そのため、本書の第1章では「衰える記憶」と「衰えない記憶」について解説します。

また、このような研究をしていると、「どうすれば物忘れを減らせるのか?」と質問されることがよくあります。方法はあるのですが、記憶にはさまざまな種類があり、得意なこと、苦手なことがあるため、どのような方法が効果的かは目的や状況によります。「人の名前が覚えられない」ことと「火の元の消し忘れが心配」であることは、同じ記憶の問題でも対処の仕方が異なります。人の名前を覚えるには、相手に関心を持つ、メモをとるといったちょっとした工夫で解決できるかもしれません。一方で、火の元の消し忘れは命に関わるため、この問題の解決で記憶力に頼ることは得策と言えません。そこで第2章では、人の記憶の特徴をふまえ、衰える記憶への対処について述べます。

続く第3章は、記憶機能の訓練について解説します。記憶は情報を記録し、蓄え、出力するために必要不可欠なものです。年をとると一部の記憶力は悪くなり、認知症になると三〇分前のことすら思い出せなくなるため、記憶力が高いことは良いこと、という風潮になるのは仕方ないのかもしれません。しかし、記憶を含む特定の認知機能のパフォーマンスの向上を目的とした商業的な認知訓練、いわゆる「脳トレ」については、現在のところ、その効果が疑問視されており、さまざまな批判があります。記憶成績を良くすることが日常生活の問題の解決につながるというデータもありますが、多くの研究は記憶成績が訓練で向上しても日常生活の物忘れの軽減につながらないことを報告しており、認知機能低下の予防効果についても疑問が呈されています。

第4章では、記憶機能の低下と認知症の予防について現在実施されている取り組みを紹介します。認知症予防に効果的であると実証されている方法には、どのようなものがあるのでしょうか。認知症予防に良いとされる食品がメディアで取り上げられると、次の日にはその商品がスーパーから消えているといったことがあります。健康に留意するあまり、不安にとらわれ、日々の行動や生活の基盤すべてを健康に関連づける人も見受けられます。認知症を確実に防ぐ方法は、今のところありません。私たちは予防に取り組むことで、どの程度、認知症のリスクをコントロールできるのかにも触れたいと思います。

そして第5章では、高齢期における記憶の役割について考えます。私たちの記憶は何のためにあるのでしょうか。経験を記録するために存在するのでしょうか。高齢期はこれまでの人生を振り返り、人生を受容する時期です。私たちが人生を振り返る時、その基となるのは過去の思い出、つまりは「記憶」です。また、病気による健康の喪失、配偶者や友人が亡くなることによる人間関係の喪失、社会的役割の喪失といったストレスフルな出来事を経験する高齢期において、幸福であるためにも記憶は重要な役割を担います。

私は三五歳の時からシニアカレッジで毎年、「記憶機能の加齢」について高齢者を対象とした講義をしています。その講義をお世話していただいている方に「若い先生が高齢者の前で高齢者の記憶について話している姿が新鮮で面白い」と笑われたことがありました。確かに記憶の問題をまさに体験している高齢者に対し、その二分の一ほどしか生きていない私が高齢期の記憶について講義をするわけですから、釈迦に説法の感はあります。

当然、講義内容がどう受け止められたのかは気になるため、講義終了後に無記名式の感想を書いてもらいます。その感想に「自分の記憶のことは自分がよくわかっている」とか、「若い人には私たちの記憶の問題は理解できない」と書かれていたことは、これまでにありません。反対に「自分の記憶について何も知らなかったことに気づいた」や「初めて聞く話で興味深かった」といった言葉をいただきます。

また、私は大学で教鞭をとっているので二〇歳前後の学生にも加齢と記憶について講義します。彼らにとって高齢期はまだまだ先のことなので、講義の内容に興味を持つのも難しいと思われるかもしれませんが、実はそうでもありません。大学生にとっても加齢にともなう記憶の変化はいずれ経験することです。それ以前におそらくは両親が、そして現在進行形で祖父母が直面している問題でもあります。

高齢者の記憶を学びたいと思われる方の世代や職業は多岐にわたります。本書の内容は大学での講義内容をベースとして、高齢者を対象とした講義でお話しした際に好評だった内容をできるだけ盛り込んでいます。高齢期の記憶について関心や不安を抱く一般読者向けに綴ったため、過度に専門的にならないように、なるべく平易に書いたつもりです。学生、福祉・介護に関わる方、高齢者、高齢者と生活するご家族にとって有用なものとなるよう、本書の内容は研究結果に基づいたものを記載し、巻末に参考文献としてまとめました。

本書が、誰もが経験するにもかかわらず、身近すぎて理解が難しい「加齢にともなう記憶の変化」を知るきっかけとなれば幸いです。

目次

老いと記憶

第1章　衰える記憶、衰えない記憶

記憶のエイジングパラドクス

私はこれまで研究や講義をとおして、「物忘れが多くなった」とおっしゃる高齢者にたくさんお会いしました。この言葉には謙遜も含まれていると思いますが、実際に記憶機能を測定する課題を実施すると、記憶に問題がないどころか、同年齢の平均よりも優れた記憶成績をとられる方が多くいます。

記憶は目に見える形で存在しません。そのため、自分の記憶力を評価する時、他人と自分の記憶力を相対的に比較する機会がない限りは、過去の自分の記憶力と比較することになります。加齢とともに（一部の）記憶機能は低下していくのですから、どれだけ素晴らしい記憶力を持つ人でも、以前と比べれば低下を感じてしまいます。しかし、以前と比べて物忘れが増えたことや、かつての自身の記憶がどの程度であったかは記憶しているわけですから、本質的なところで記憶に問題があると認識するのは矛盾しています。

また、記憶力に対する自己評価と実際の記憶力は一致しません。特に高齢者は、加齢による記憶機能の低下を自覚しているため、自身の記憶機能を実際よりも低く見積もる傾向があります。反対に、記憶力に自信のある人ほど、記憶成績が悪いことも報告されています。このような記憶に対する不正確な自己評価は、記憶機能の低下によって失敗したことが思い出せないために生じるもので、「記憶のエイジングパラドクス（矛盾）」と呼ばれています。

それでは、自分で把握することが難しい加齢にともなう記憶の変化をみていきましょう。

車を停めた場所は忘れても、車の運転は忘れない

昨日、あなたはランチに何を食べましたか？

私は親子丼を食べたのですが、急に尋ねられると、すぐに答えられない人はたくさんいます。しかし、たとえ五年以上、親子丼を食べていなかったとしても、親子丼そのものは思い出せるはずです。

認知症になると、初期の段階から、少し前に食事したことを忘れ、「ご飯はまだ？」と聞いてきます。ただ、認知症がかなり進行するまでは、親子丼は親子丼だと理解できます。朝、掃除機をかけたことは忘れてしまっても、掃除機の使い方は覚えています。スーパーで車を停めた場所を思い出せなかった認知症の方が、なぜ車の運転の仕方を忘

れないのでしょうか。車の運転の仕方を忘れれば、車の存在そのものを忘れれば、認知症による自動車事故も減るのでしょうが。

記憶が情報を蓄える機能として単独で存在するのであれば、加齢とともに、あるいは認知症になるとすべての記憶が低下したり損なわれたりするはずです。しかし、実際にはそのようなことはありません。これは、記憶には加齢の影響を受けやすいものと受けにくいものがある、つまり、質的に異なった複数の種類があることを意味しています。

脳の解剖学的特徴

私たちの記憶は頭の中にある脳に保存されます。景色や音、におい、味、肌触りといった感覚器官から取り入れた情報が脳の中で処理される仕組みと、その仕組みが加齢によってどのように変化するのかを知ることは、加齢にともなう記憶の変化の理解を助けてくれます。記憶のさまざまな機能については、後ほど述べるとして、まず脳の情報処理の仕組みと加齢による変化について説明します。

人の脳は一〇〇〇億個の神経細胞によって構成され、認知機能と関連する大脳皮質の神経細胞は平均して七〇〇〇個の別の神経細胞とつながっています。図1-1にあるよ

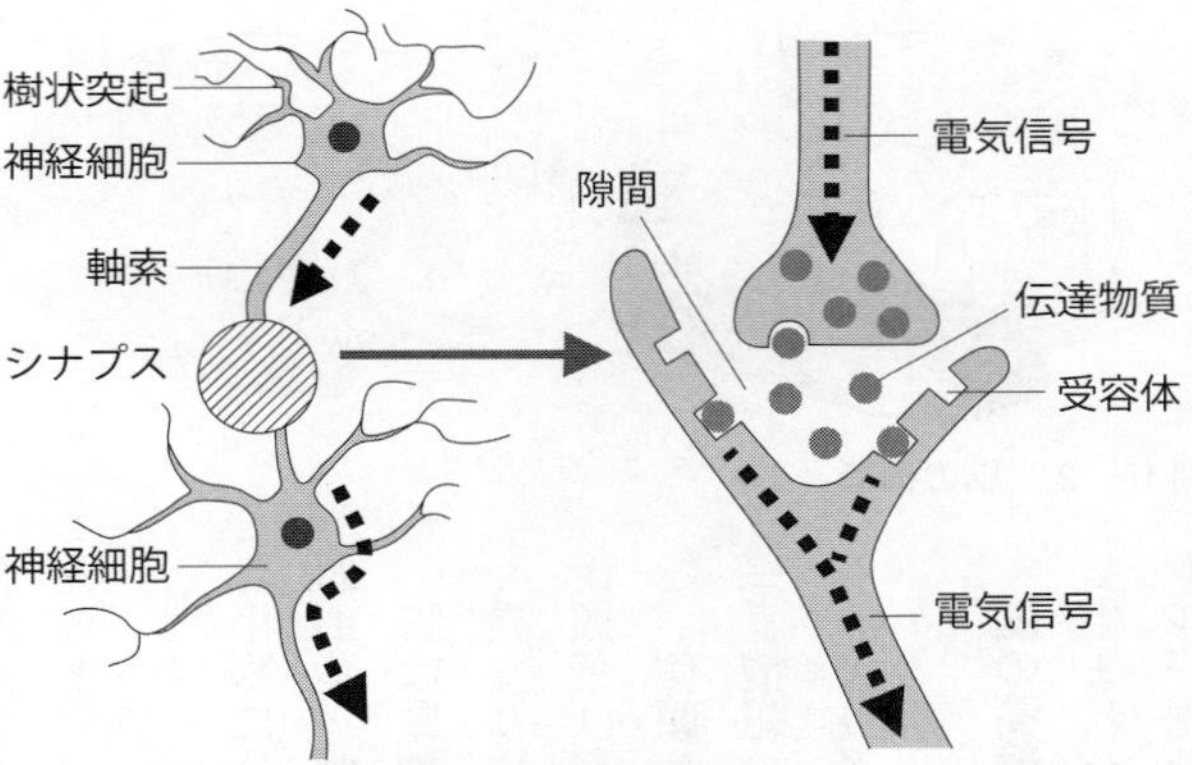

図１－１　**脳神経細胞の構造**（生田，2002 をもとに作成）

うに神経細胞には、ひものような軸索があり、軸索は先端で枝分かれし、別の神経細胞の樹状突起と結合でき、この結合はシナプスと呼ばれています。細胞体の活動による電気信号が軸索の先端までいくと、神経伝達物質と呼ばれるドーパミン、セロトニン、アセチルコリンなどの化学物質が放出され、それが樹状突起にある受容体と結合することにより細胞間で信号を伝達します。

特定の情報が記憶される時、一つの神経細胞に一つの情報が蓄えられるのではなく、神経細胞間の結合のパターンによって蓄えられます。新しい情報を記憶することは、新しい神経細胞間の結合のパターンを形成することを意味します。情報が繰り返し提示されると、細胞間の結

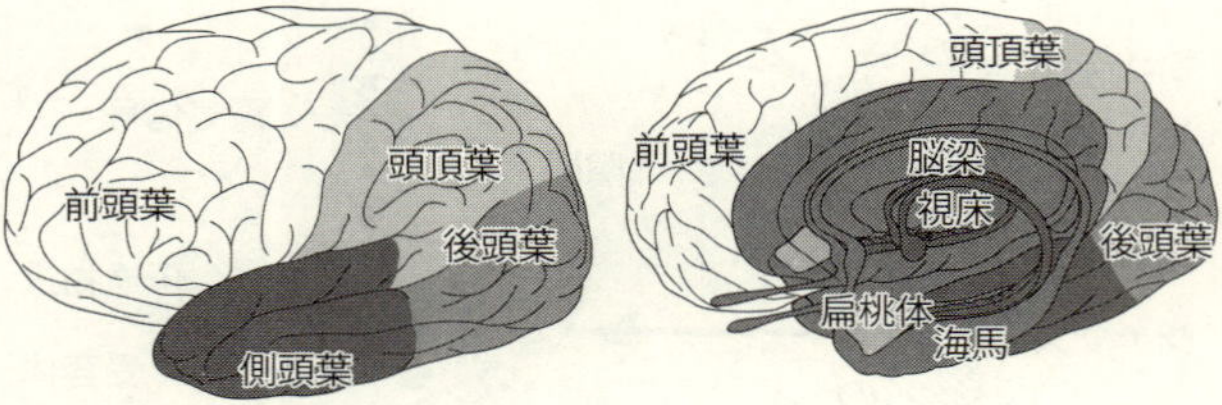

図１－２　脳の構造

合の強度が強まり、反対に、提示されなければ結合の強度が弱まります。

また、脳は表面に溝がある「の」の字形をした大脳とその下の小脳に分かれます。さらに、大脳はおでこの方から前頭葉、頭頂葉、側頭葉、後頭葉と分類されます（図１－２）。

脳は胃や肺など他の臓器とは違い、部位によって役割が大きく異なります。それぞれの部位が担う機能を大まかに言うと、後頭葉は形や色、動き、人の顔の認識といった視覚情報の処理を、側頭葉は音の認識や言語の理解を、頭頂葉は触覚や複数の感覚情報の統合、視空間処理を、前頭葉は運動制御、感情のコントロール、判断において重要な役割を担っています。

脳の萎縮は二〇代からはじまる

生まれた時の人の脳の重さは四〇〇グラム程度で、ペットボトル一本分よりも軽いのですが、成長にともない一二〇〇グラムから一四〇〇グラムと三倍強にまで成長し、二〇歳でピークを迎えます。その後、大脳皮質の神経細胞は二〇歳から九〇歳にかけて、平均して九・五％減少します。これは一日に八万五〇〇〇個、一秒に約一つの脳細胞が失われていることを意味します。

加齢が脳に及ぼす影響で不思議なのは、年齢とともに脳全体に均質に変化がみられるわけではないことです。顕著に萎縮する場所とそれほど萎縮しない場所が存在します。特定の脳部位の体積を計算し、年齢と体積との関連性を検討した研究では、前頭前野の体積が加齢とともに最も萎縮し、次いで、海馬を含む側頭葉、頭頂葉、後頭葉の順に萎縮がみられることを報告しています。

加齢にともなう脳の変化には神経細胞の減少にともなう萎縮と、もう一つ、シナプスの密度の低下があります。シナプスの密度の変化は特に前頭葉で顕著です。

シナプスの密度の減少と認知機能の低下は同時期に生じることから、神経細胞そのものの減少よりも、神経細胞間のネットワークの減少が認知機能の低下の原因であることが指摘されています。

また、情報伝達を担う神経伝達物質の減少と、認知機能の低下の関連性も報告されています。たとえば、ドーパミンは成人期の段階から一〇年ごとに四％から一〇％ずつ減少し、この減少は人の思考や判断の中枢である前頭前野や記憶の定着を担う海馬で顕著にみられます。

このように加齢とともに脳に器質的変化がみられること、そして、その変化が認知機能の低下の原因であることを、多くの研究が繰り返し明らかにしています。

老化にともなう不可避な脳の生理学的変化が、高齢期に見られる行動や心理的な変化の原因であるという事実は、やる気のなさや努力不足といった要因が、高齢者にみられる行動の緩慢さや、判断、思考の鈍化の原因ではないことを意味しています。

これらのことは、自分自身が年老いた時や、祖父母や両親に記憶の問題が生じた時の対応を考えるうえで、まず念頭におく必要があるでしょう。

経験の記憶と技能の記憶

脳の中で情報はどのように蓄えられているのでしょうか。fMRIやPETといった脳の活動をリアルタイムで計測可能な装置が登場し、研究機関に設置されたことで、記憶と脳に関する研究は、一九九〇年代から爆発的に増加しました。それ以前は、くも膜下出血や脳梗塞、頭部外傷や戦争で受けた脳の損傷などが原因で記憶障害となった方を対象とする神経心理学的手法が、脳と記憶の関連性を明らかにする主な方法でした。

脳損傷者を対象とした研究は数多く報告されています。特に有名な症例として、一九五三年に一部の脳部位を切除した結果、記憶障害を発症したH・Mのイニシャルで知られる男性がいます。

彼はひどいてんかん発作に悩まされ、二七歳の時に左右の側頭葉内側を切除する手術を受けました。その結果、てんかん発作は治まりましたが、別の問題を抱えることになりました。子どもの頃の思い出は詳細に思い出せるのに、手術以前の数年間の出来事は思い出せなくなってしまったのです。加えて、手術以降に経験した出来事についても、覚えられなくなりました。

H・Mを五〇年にわたり研究したモントリオール神経研究所のミルナー博士は、彼に会うたびに自己紹介をしなければならなかったそうです。側頭葉内側を選択的に切除した結果、このような記憶障害が生じたことから、比較的最近経験した記憶の定着には、海馬を含む側頭葉内側が重要であると示唆されたのです。

H・Mがもたらした知見はこれだけではありません。彼はこのような重篤な記憶の問題があったのにもかかわらず、技能の記憶は保たれていました。

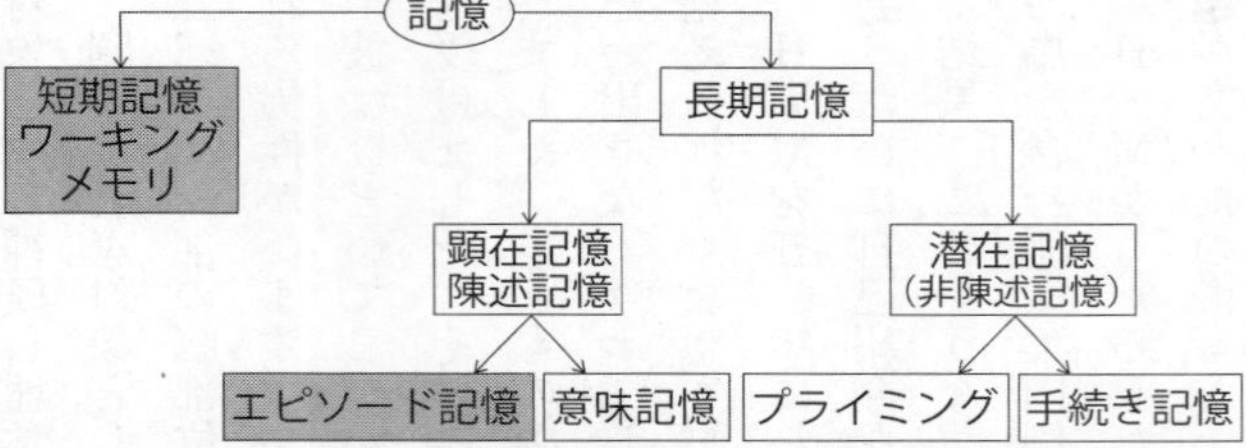

図１－３　記憶の分類　灰色は加齢による低下がみられる記憶

心理学では、技能の記憶の測定に鏡映描写がよく用いられます。鏡映描写とは、手元を直接みながらではなく、鏡に映った手元をみながら簡単な絵を描いたり線をなぞったりする技能学習をみるための課題です。絵を完成させるまでの時間が主な技能の指標となります。鏡は上下左右が反転するため、鏡をみて手を下に動かそうとすると上に、左に動かそうとすると右に移動します。

そのため、健常者でも、最初のうちはとても難しいのですが、何回か練習するうちに絵を完成するまでの時間が半分、そして四分の一へと短縮されていきます。H・Mがこの課題を行うと、彼は鏡映描写の練習をした事実はすぐに忘れてしまいます。しかし、練習を重ねるたびに描写にかかる時間は短くなったのです。

練習したことを忘れるのに、練習効果はみられるという事実は、経験の記憶と技能の記憶は、脳のまったく異なる領域で処理されること、また、質的に異なる少なくとも二つ以上の記憶が存在することを示しています。

現在では、記憶は図1-3のように、複数の記憶機能によって構成されていると考えられています。記憶はまず、保持される期間の長さから短期記憶と長期記憶に分類され、長期記憶はさらに顕在記憶（陳述記憶）と潜在記憶（非陳述記憶）にわかれます。

顕在記憶は情報を思い出す際に思い出していることを意識でき、想起内容を言語化できる記憶と定義されます。潜在記憶は顕在記憶とは反対で、想起時に思い出していることを意識せず、想起内容を言語化できない記憶と定義されます。顕在記憶と潜在記憶にはさらに複数の記憶が存在し、加齢の影響はそれぞれの記憶によって異なります。図1-4はいくつかの記憶機能の加齢による変化を示したもので、縦軸は記憶成績を横軸は年齢を示しています。

図から長期記憶（エピソード記憶）、ワーキングメモリ、情報を処理するスピードについては、加齢による低下が顕著です。縦軸の値は、一〇倍し五〇を足すと偏差値に置き換えることができます。二〇歳以降の加齢にともなう認知機能の低下は、一〇年間のうちに偏差値で五程度は成績が衰えていることがわかります。一方で言語的知識について

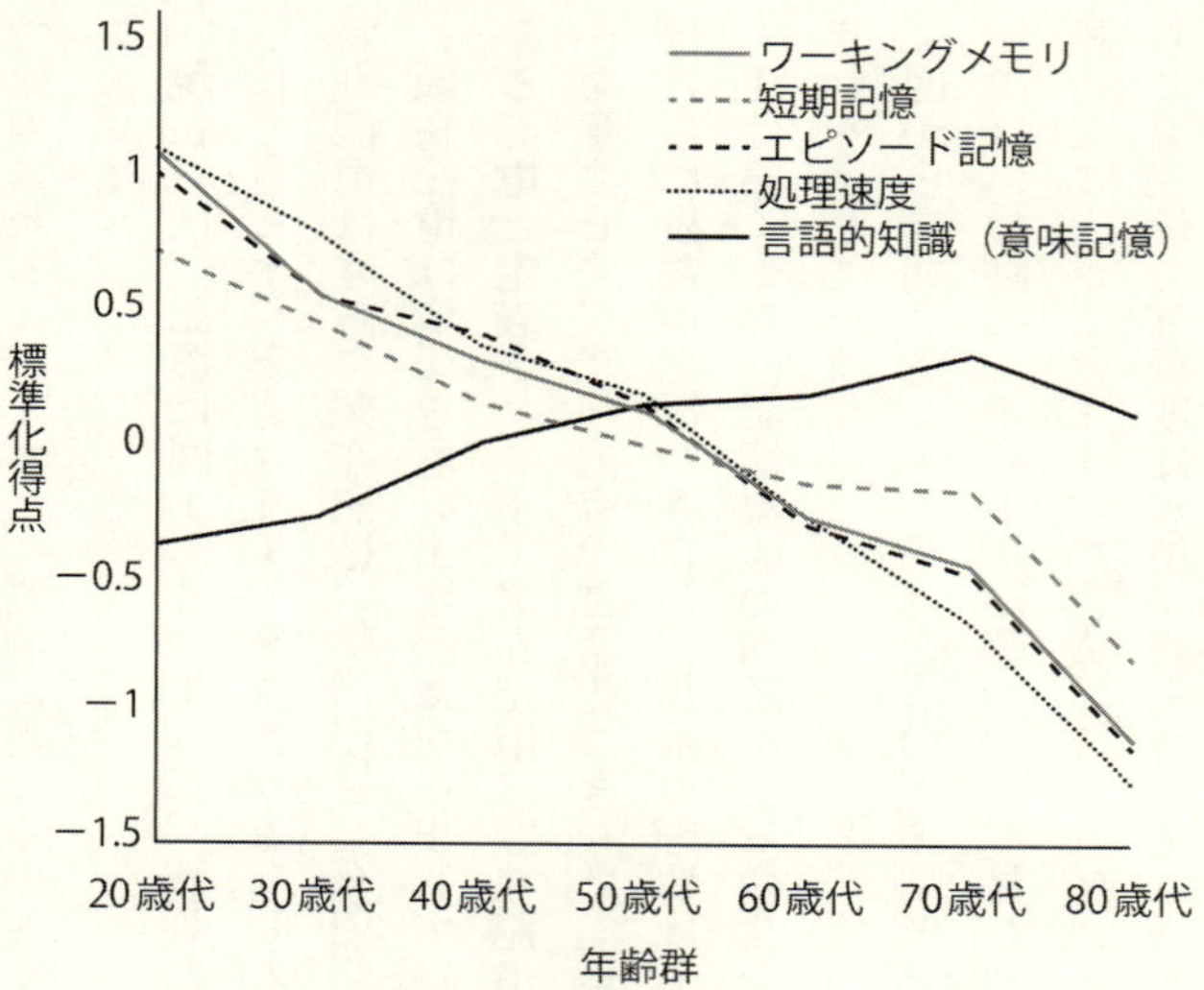

図１－４　記憶機能の加齢にともなう変化（Park et al., 2002 をもとに作成）

は、加齢による低下がみられず、むしろ若い時よりも増加しています。このように記憶には、加齢の影響を受けやすいものと、加齢の影響をあまり受けずに維持されるものがあります。

衰える記憶

加齢とともに衰える記憶機能は二つです。一つは「ワーキングメモリ」と呼ばれる複雑な思考や並列的な作業を担う記憶です。もう一つは「エピソード記憶」と呼ばれる過去の出来事の記憶です。

次のアルファベットを一度読み

上げてください。

CWJAMLBJNCHEKNB

目を閉じて、いくつくらい思い出せるでしょうか。

一般的に、一度読んだだけ、あるいはみただけで覚えられる情報の数は、七プラスマイナス二個程度です。

郵便番号や電話番号は大体七桁です。電話番号はそれよりも多いことがありますが、市外局番を外せば七プラスマイナス二桁でおさまります。携帯電話番号も、冒頭の〇九〇や〇八〇を外せば八桁です。郵便番号や電話番号の桁数を考えた人が、このことを知っていたかどうかはわかりませんが、一度みるだけで記憶でき、すぐに忘れても構わない情報の量としては適切なものです。このように三〇秒から一分間程度保持される記憶は短期記憶と呼ばれています。

短期記憶として一度に覚えられる量は、物理的な情報量によって決まるのではなく、意味的な情報量によって決まります。先ほどのアルファベットを並べ替えると、意味のある単語になります。

JAL　NHK　JCB　NEC　BMW

アルファベットの羅列で覚えようとすると、意味的な情報量は一五個です。しかし並べ替えて、単語にしてしまえば意味的な情報量は五つになります。私たちは情報を意味単位で記憶しようとするため、こうすれば同じ一五個のアルファベットでも記憶することが容易になります。

短期記憶の実験では、個人の記憶容量は「5　8　1　9　3　5」というように、読み上げられた数字をどのくらい思い出せるかによって測定されます。こうした課題の成績は年をとってもそれほど低下しません。

一方で、このように覚えた情報を並べて作業するためのスペースであるワーキングメモリと呼ばれる記憶は、加齢にともない顕著に低下します。

頭の中の作業スペース

ワーキングメモリとは、頭の中の作業スペースと、そこで行われる作業工程の総称です。短期記憶は、提示された情報を一度にどのくらい覚えられるかという一時的な情報の保持に焦点をあてています。ワーキングメモリは短期記憶として保持された複数の情報をつなぎ合わせたり、順番を入れ替えたり、時には長期記憶と関連させるといった情報の操作に焦点をあてています。

現代人の多くが日常生活で、複数の作業を同時並行でこなすワーキングメモリに依存したマルチタスクを行っています。仕事であれば、会議の準備や取引先に提出する資料の作成、新しい事業の企画、メールの返信、上司への報告、部下への指導といった複数の業務を並行して、あるいはその時々で切り替えながら行っています。また、家事であれば、野菜を切る作業を行いながら次の仕込みを考えることや、子どもを気にかけながらの家事、献立を考えながらの買い物なども、ワーキングメモリがなければ行えません。

私たちが扱う情報の多くは、視覚的あるいは言語（音韻）的な情報です。頭の作業スペースには大抵この二つの情報が展開されています。読書はワーキングメモリを使用する典型的な作業です。読書中は、文字を読むだけでなく、読んだ文章を一時的に短期記憶として蓄え、前の文章とのつながりを把握する必要があります。また、同じ場所を繰り返し読まないよう、読んでいる場所（視覚的な短期記憶）を常に更新しなければなりません。そして、文書を理解するためには、知識やこれまでの経験を頭の中から引っ張り出さなければなりません。意識することはほとんどありませんが、読書中は常にこのような情報処理がなされています。複雑な思考になるほど扱う情報の量も増えるため、よりワーキングメモリが重要となります。

マルチタスクの限界

一〇人から話しかけられてもすべての内容を理解し、的確な指示を出したという聖徳太子の逸話があります。しかし、多くの人にとって同時並行で複数の課題を遂行しなければならないマルチタスクは、シングルタスクよりも作業効率が低下することがわかっています。

特に、忙しく、慌ただしい生活のなかでは、うっかりミスが増えたり、すべきことが多すぎて、頭が真っ白になってしまうことは誰にでもあるでしょう。私も四〇歳を過ぎた頃から、マルチタスクを以前よりもスムーズにできなくなったなと感じます。マルチタスクによるミスや作業効率の低下は、ワーキングメモリの特徴によって説明すること

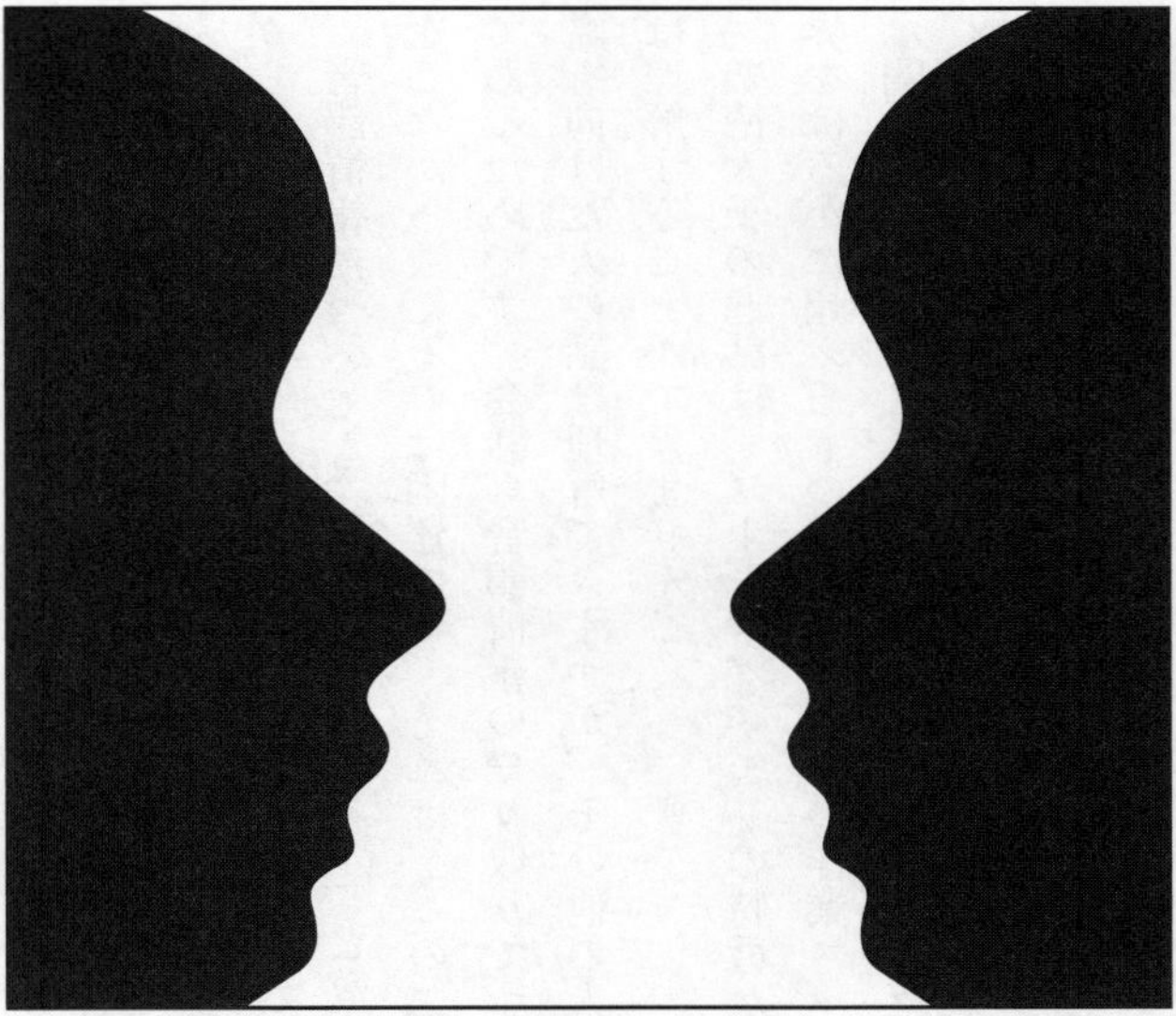

図1－5　ルビンの壺

ができます。

ワーキングメモリは、視覚情報と音韻情報というように、異なった感覚情報を同時に処理することはできます。しかし、二つ以上の同じ感覚情報を同時に処理することはできません。

たとえば、図1－5は心理学者のエドガー・ルビン（一八八六～一九五一）が、一九一五年頃に作成した「ルビンの壺」と呼ばれる有名な絵です。この絵は、白い部分が壺にみえ、黒い部分は向かい合った人の横顔にみえます。しかしどちらかをみているときは、もう一方は背景として認識されるため、壺と横顔を同時にみることはできません。

つまり、壺を認識するための視覚処理を行っている時に、顔を認識するための視覚処理はできないのです。人は二つの異なる視覚処理を並行して行えないので、読書をしながらテレビをみることが苦手で、ながら勉強の効率が悪いのはそのためです。

音韻情報についても、「1、2、3……」と数をカウントするのは簡単ですが、読書をしながら数えるのは困難です。それは、この二つの処理がどちらも同じ音韻的な処理であるためです。会話も音韻情報のやり取りですから複数人が同時に話しかけると、意識を向けた人の話は理解できますが、その他の人が何を言っているのかは、普通の人には理解することができません。

聖徳太子の逸話は、ワーキングメモリの特徴から考えると、人に可能な情報処理の限界をはるかに超えるものです。頭の中の作業スペースにはこのような制限があり、年齢に関係なくマルチタスクでの作業効率は極端に落ちます。また、マルチタスクはヒューマンエラーを誘発しやすく、どの世代でも効率の良い作業方法とは言えません。

このようなワーキングメモリの特徴に加えて、作業スペースに展開されている情報の統合や切り替え、必要のない情報の排除を担う実行機能と呼ばれる、人の情報処理の司令塔的な機能は、加齢によって顕著に低下します。

課題を行っている際の脳の活動部位を特定する機能的脳イメージング研究から、前頭前野が実行機能で重要な役割を担っていることがわかっています。前頭前野は加齢の影響を受け変化しやすい脳部位であるため、実行機能のパフォーマンスは高齢者では低下します。結果として、単純な課題であればこなせても、複雑な課題になるほど、また単純な課題でも並行して行う課題の数が増えるほど、情報の操作の効率が落ちます。

加えて、二〇歳以降、情報を処理するスピードも全般的に遅くなっていきます。この処理速度の遅延は、特にワーキングメモリのパフォーマンスに影響を与えます。難しい課題を解決しなければならない時、多くの情報をワーキングメモリに並べて、それぞれの情報を切ったり貼ったりしながら適切な解決方法を見出す必要がありますが、情報処理のスピードが低下すると、短期記憶として保持できる一分未満の時間制限を過ぎ、作業が完成しないうちに作業スペースに挙げられている情報が失われてしまいます。

また、その場ですぐに決断しなければならないような時間制限がある場合、判断するための情報の吟味を最後まで行えず、十分に考えられない状態で判断してしまうケースも生じます。

日常生活の多くの場面、たとえば、パスタを茹でる時間を気にしながら野菜を切るといった家事、相手の話を聞きながら次に話す内容を考えるコミュニケーション、複雑な思考を整理し最適な選択を導く意思決定にもワーキングメモリが関わっています。

そのため、加齢にともなうワーキングメモリの低下は、年をとると料理やコミュニケーションが億劫に感じられたり、複雑な意思決定（治療選択や資産運用、保険のオプションの選択など）を難しく感じる原因の一つと捉えられています。

思い出の記憶

経験した出来事についての記憶も加齢とともに低下します。経験の記憶、つまり思い出は、学術的にはエピソード記憶と呼ばれ、いつ、どこで、といった時間や場所の情報をともなった過去の出来事の記憶と定義されます。

思い出は、言い換えると自分史ともいえます。大学合格、結婚、出産、昇進といった良い思い出や、いじめ、失恋、死別といったつらい思い出は、極めて個人的な情報ではありますが、現在の自己を形成している重要な記憶であり、自伝的記憶とも呼ばれます。

そもそも、人は何歳の時の経験を思い出しやすいのでしょうか？　生まれてから現在

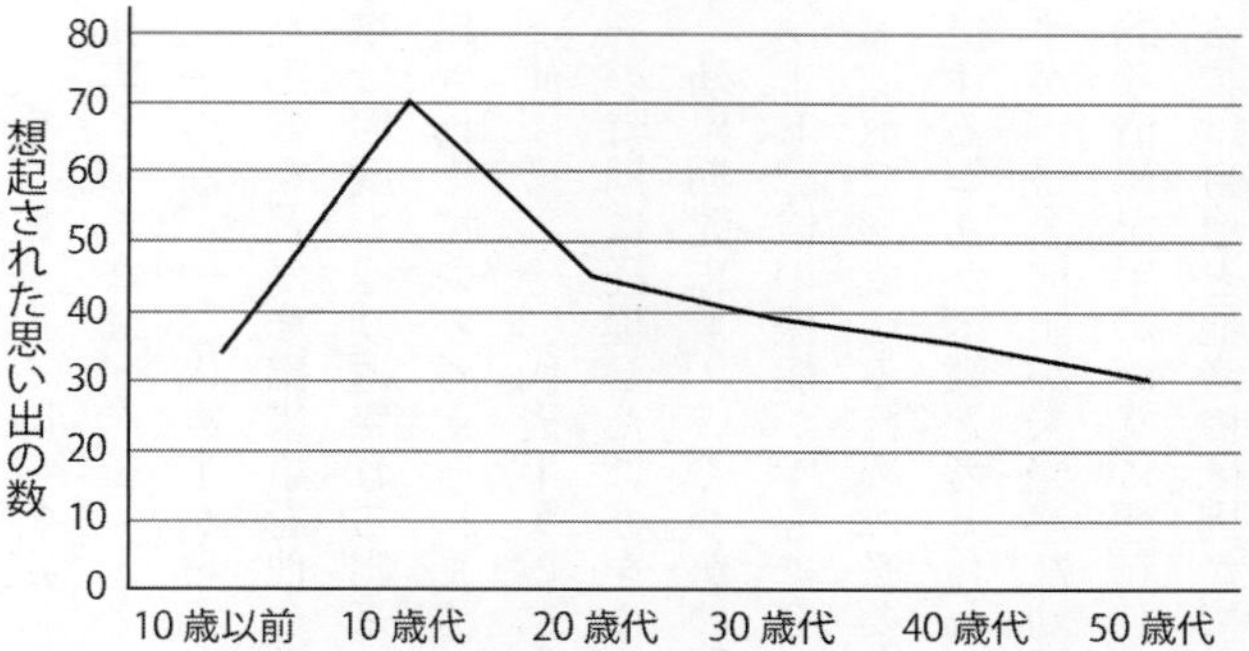

図１－６　**人生のどの時点をよく思い出すのか？**（増本，2015）

までの人生を振り返る時、想起される経験を時系列に並べるとレミニセンス・バンプと呼ばれる特徴的な曲線を描きます。

図１－６は、六五歳以上の健常な高齢者四一名に、良い思い出、悪い思い出も含め、人生における重要な出来事を尋ねた結果を示したものです。縦軸は、想起された出来事の個数を、横軸はその出来事を経験した年代を示しています。

これをみると一〇代から二〇代にかけて経験した出来事を多く思い出しています。他の研究でも、年齢の幅はありますが一〇代後半から三〇代前半の出来事が、他の年代の出来事と比較して多く想起されています。そして反対に、五歳までの経験はほとんど想起されない幼児期健忘も、私たちの思い出の記憶の特徴です。

人生を振り返る時、特定の時期に生じた出来事が頻繁に思い出される理由は、いくつか考えられます。

一つは、一〇代後半から三〇代前半に就職、結婚、出産といったその後の人生に大きな影響を及ぼす出来事を他の時期よりも経験することがあります。初めて経験する出来事は何度も繰り返される出来事よりも際立ち、また、感情的なインパクトも強いため想起されやすいと考えられます。

他にも、一〇代後半から二〇代がエピソード記憶の機能が最も高い時期であるため、その時期に経験したことをよく覚えている可能性があります。

幼児期健忘も、いくつかの原因によって生じると考えられています。たとえば、エピソード記憶の機能が十分に発達するのは小学校高学年くらいと言われており、エピソード記憶を形成するために必要な海馬や前頭葉が十分に発達していない幼児では経験を記憶することが困難と考えられています。また、エピソード記憶は言語として想起されますが、言語機能が未発達な幼児は言語を介して経験を記憶しないため、大人になり言語的な情報を手がかりに想起しようとしても情報を思い出せない、あるいは二歳児くらいまでは自己と他者の区別ができないため、経験を自己のエピソードとして記憶できない、といった理由が考えられます。

いずれにしても、この特徴的な曲線は、人生を振り返る際、各年代での経験がまんべんなく想起されるのではなく、特定の時期の経験が想起されやすいことを示しています。また、加齢によるエピソード記憶の低下はすべてのエピソードにみられるわけではなく、五年以内の比較的最近の出来事で顕著にみられます。

なぜ物忘れが生じるのか？

私たちが経験したことを記憶し、それを思い出すためには、経験を情報として頭に入力し（符号化）、その情報を保持して（貯蔵）、保持した情報から必要な情報を思い出す（検索）という三つのプロセスを経る必要があります。

三つのプロセスのどこに問題が生じても記憶に支障をきたしますが、年をとると特に低下するのは、情報の入力と検索のプロセスです。その理由は、加齢にともなう萎縮が顕著な前頭前野が、符号化と検索のプロセスを担っているためです。

符号化とは、経験を覚えやすい形に変換するプロセスです。私たちは、経験したことのすべてを記憶できません。大切だと感じたことや、覚えなければならないと意識を向けた情報を頭に取り入れます。

鍵やめがねを置いた場所を忘れるのは、置いた場所を忘れたのではなく、置いたことに意識を向けておらず、そもそもどこに置いたのかを情報として取り入れていなかったため生じることが多いのです。

ワーキングメモリの解説で述べたように、高齢になると複数の対象に注意を向けることや、何かをしながら別の作業に注意を向けることが難しくなります。そのため、覚えるべき情報が少ない場合は問題ないのですが、多くのことを一度に覚える必要がある場合や、覚える内容が複雑でさまざまな情報に意識を向ける必要のある状況では、問題が生じます。意識を向けている情報は取り入れられても、その情報の細部や文脈（たとえば場所や時間）まで整理して取り入れることができないからです。

貯蔵とは、符号化された情報を蓄えるプロセスを意味します。私たちが覚えた情報は死ぬまで、そのままの状態で維持されるわけではありません。三日間の京都の旅行から帰ってきて、一週間後に旅行について話す際には、それぞれの訪問先についてここが良かった、あそこが面白かった、食事は何が美味しかった、ホテルはここが良かった、車で行ったけど駐車場がどこも満車で困った、など多くの情報について語ることができるはずです。

しかし、一〇年後に思い出した時はどうでしょうか。「一〇年前？　もうそんなに経ったかな？　あの時は清水寺と……あといくつかお寺をめぐって、あ、人が多かったな……ん～他にもいろいろあったけど楽しかったな」というように細かい点は思い出せず、重要な部分が強調され、筋の通らないことはつじつまを合わせ、おおまかなストーリーとして、その時にしていないことも混ざって思い出されたりします。

思い出のつじつまが合うよう書き換えられたり、重要でない部分は削除されたりすることは高齢者だけでなく、若年者にもみられます。若い時のほうが経験した多くの情報を覚えることはできますが、一度覚えた情報を忘れてしまう割合（忘却率）には若年者と高齢者で差がないことも報告されています。

検索は、貯蔵されている膨大な情報から、必要な情報を探し出すプロセスです。検索のプロセスも符号化のプロセスと同様に加齢による低下が認められます。「先日会った男性、顔は思い出せるのに、名前が出てこない」といった、よくあるど忘れは、検索のプロセスで生じる問題です。検索がうまくいかない理由としては、思い出すための手がかりが欠けているため、覚えていることはわかっていても思い出せない。あるいは多くの人と出会って名前を覚えてきた方であれば、貯蔵されている情報量が多く、情報の検索が難しくなる、といったことが考えられます。

ど忘れは、頭にある情報が失われたわけではないので、「山本さん？」「田中さん？」というように選択肢を設ける質問の仕方に切り替えると、高齢者は若年者と同じレベルで正しい名前を判断できます。

高齢になると、過去の経験をそのまま思い出すことが若い時のようにはできなくなり、思い出せない部分は、自分の頭の中にあるストーリーに沿った形で補うことになります。その結果、経験した事実と異なる記憶（虚偽記憶）が高齢期には増加します。ジャコビ博士らは実験によって高齢者が若年者の一〇倍、経験していない誤った情報を想起することを報告しています。

記憶障害と記憶力の低下の違い

認知症などに見られる記憶障害と、加齢にともなう記憶力の低下は同じではありません。

一般的に、記憶障害とはエピソード記憶の障害を指します。経験したことを覚えられないエピソード記憶障害の結果、日常生活にどのような問題が生じるのかを明らかにするために、兵庫県立リハビリテーション中央病院の白川雅之先生らと私は、エピソード記憶にのみ障害がみられ、その他の言語機能や知能は健康な人と同じレベルにある健忘症者を対象とし、その主たる介護者である家族の方に日常生活でどのような問題が生じているのかをインタビューしました。

健忘症になる原因はいくつかありますが、一酸化炭素中毒や頭部外傷、アルコール依存症によるコルサコフ症候群によって生じます。表１−１は家族が訴えた健忘症者の日常生活でみられる問題をカテゴリーに分類したものです。

このインタビューの結果、エピソード記憶に障害があるだけでも、コミュニケーションや趣味、金銭管理といった日常生活のさまざまな問題を引き起こすことがわかりました。エピソード記憶の障害は、アルツハイマー病など認知症でも初期の段階からみられます。そのため、アルツハイマー病の方にも同様の問題が日常生活で生じます。

表１−２は、岩佐博士らが実施した認知症ではない七〇歳から八四歳までの高齢者八三八名に対して行った記憶愁訴に関する調査の結果を示しています。この研究によると、約四〇％の高齢者が「人名を忘れる」「物品をどこに置いたか忘れる」といった問題を

外出（移動）	外出先から所持品を忘れずに持って帰ることができない
	1人でよく知っているお店に買い物に行くことができない
	駐車場（駐輪場）にとめた車や自転車をみつけることができない
	1人で通院することができない
	1人で外出の準備をすることができない
コミュニケーション	病前から知っている友人・知人の名前を言うことができない
	発症後通院している（いた）病院の主治医の名前を言うことができない
	最近の話題（ニュース）を理解できない
	言われたことに即座に対応することができない
	その日の出来事について家族と話すことができない
予定・計画	待ち合わせなど約束の時間を守ることができない
	1人でいるときにあった電話や来客を後で家族に伝えることができない
	買い物の際、必要なものだけを買うことができない
	予定どおり生活することができない
	頼みごとをされても実行することができない
	計画をたてることができない
	正しい時間に薬を飲むことができない
趣味・仕事	ひとつの事を集中して行うことができない
	新しい事にチャレンジすることができない
	本や映画のストーリー（内容）を理解できない
	一度中断した事を、途中から再開することができない
金銭管理	お金の管理ができない（支払い・銀行口座・貯金など）
	自分の財布の中に、いくらお金が入っているかを答えることができない
	大事な物（財布・鍵など）を置いた場所を把握することができない
家事	お風呂を沸かすことができない
	1人で料理をすることができない
	コンロでお湯を沸かすことができない

表1－1　**記憶障害が引き起こす日常生活の問題**（白川ら，2007）

経験していました。

エピソード記憶の障害で生じる日常生活の問題とエピソード記憶が低下した高齢者の記憶愁訴の二つの表を見比べると、問題が本質的に異なることがわかります。高齢者の記憶愁訴の多くは日常生活を正常に過ごせなくなるほどの問題ではありません。

また、高齢者の記憶愁訴が、加齢にともなうエピソード記憶の低下とどれほど関連しているのかは明確ではありません。なぜなら、中年の私も、表にあるすべての項目を、直近の一週間で経験しています。なにより大学の講義で高齢者の記憶愁訴をみせ、この一週間に一つでも経験した人は手を挙げるように求めると、半数以上の学生が手を挙げるからです。

エピソード記憶が機能的にはピークである若年者であっても、高齢者が挙げる記憶愁訴を経験しているという事実は、何を意味しているのでしょうか。

記憶力の低下では日常生活の物忘れは説明できない

日々の生活は、仕事や家事、友人や家族との約束といった、さまざまな予定から成り立っています。私たちはそれらの予定を決められた時間に、決められた順序で遂行しな

人名を忘れる
物品をどこに置いたか（しまったか）忘れる
物品をどこかに置き忘れてくる
しようと思っていたこと（予定）をし忘れる
すぐ過去の出来事・言動を忘れる
火・水・電気周りの不始末やカギのかけ忘れをする
物品の名前が思い出せない
買い物のときに何を買うつもりだったか忘れる
人との約束を忘れる
漢字を忘れる
見当識障害（今日の日付が分からないなど）
その他

表１－２　**高齢者の記憶愁訴**（岩佐ら，2005をもとに作成）

から生活しなければなりません。そのため、予定の「し忘れ」の予防は、高齢者の社会生活・自立生活を考えるうえで重要な課題です。

高齢者の記憶愁訴の表１-２の中に、「しようと思っていたこと（予定）をし忘れる」や「火・水・電気周りの不始末やカギのかけ忘れをする」「人との約束を忘れる」といった項目があります。

もし、仕事や友人との予定を忘れてしまえば、人間関係を損ない、社会生活に支障をきたします。また、「薬の飲み忘れ」や「外出時の火の元の消し忘れ」「戸締まりのし忘れ」は、自立した生活を阻害する大きな要因となります。

私たちがし忘れることなく予定を遂行するためには、予定の内容だけでなく、「すべきことがある」という意図を適切な時点で思い出す必要があります。この点で「し忘れ」と「物忘れ」は異なります。すべきことがある、という意図をともなった未来の予定に関する記憶は、展望的記憶と呼ばれ、過去の出来事の記憶（エピソード記憶）とは区別して研究されています。

記憶に関する実験が、日常生活場面で実施されることは滅多にありません。ここまで紹介した記憶に関する知見のほとんどは、記憶することを阻害する騒音や雑音、注意を引くポスターや窓がなく、窓があっても外がみえないようにカーテンやブラインドで締め切られた実験室で実施されたものです。

年齢や記憶方法といった要因が記憶機能にどのように影響するのかを確認するには、それ以外の記憶に影響するさまざまな要因を排除、統制する必要があります。そのため、普段私たちが生活しているような環境で実験はできないのです。

このようにして得られた実験室実験の結果は、特定の要因が記憶にいかに影響するのか、また、それらの結果をつなぎ合わせ記憶の特性やメカニズムを把握するうえで不可欠です。一方で、日常生活からかけ離れた環境で実施される研究が、普段の私たちの記憶をどこまで説明できるのかという問題も提起されました。そのような批判が背景にあり、高齢者を対象とした「し忘れ（展望的記憶）」に関する研究は、実験室と日常生活場面の両方で実施されてきました。

実験室での展望的記憶の実験では、たとえば、パソコンの画面に文字が提示され、参加者はその文字を読んだり記憶したりするのですが、そのような課題に加えて、特定の文字が提示された時、あるいは、一定の時間が経過したら、キーボードを押すことが求められます。指示されたように忘れずに反応できるかが展望的記憶の成績としてカウントされます。このような実験室での研究の多くは、高齢者の成績が若年者よりも低いことを報告しています。

一方、日常生活場面での実験では、「決められた時間に電話をする」や「決められた日時にはがきを投函する」といった課題が用いられます。私たちが行った日常生活場面での実験では、高齢者と大学生を次の二つの条件のいずれかに振り分け、携帯電話から決められた番号に一週間、電話することを求めました。

条件1：朝食後、昼食後、夕食後の一日三回
条件2：八時、一三時、一八時の一日三回

図1－7に示すように、実験室実験とは反対に、どちらの条件でも電話をかける達成率は高齢者のほうが若年者よりも優れていました。高齢者の達成率は九〇％を超えていて、大半が一週間で合計二一回、し忘れることなく電話をかけてくれました。一方で、大学生の達成率は条件1で七〇％、条件2では六〇％程度でした。記憶力が日常生活のし忘れに影響するのであれば、記憶力が優れた大学生のほうがし忘れは少ないはずです。それとは反対となったこの研究結果は、記憶力によって日常生活のし忘れが説明できないことを示しています。そしてこのような結果は私たちの研究だけでなく他の研究者も報告しています。

では、なぜ記憶力が低下した高齢者のほうがし忘れが少ないのでしょうか。この理由として、日常生活場面での課題（はがきを投函する、電話をかける）の難易度が低いこと、若年者に比べて高齢者のほうが実験に対するモチベーションが高いこと、若年者よりも高齢者が規則正しい生活習慣を持っていることが考えられました。

私たちは記憶成績が日常生活のし忘れと関連しないこと、そして別の要因が関連していることを確認するためにもう一つ実験を行いました。

次の実験では、先の二つの条件に別の条件3と条件4の二つを追加しました。

条件1：朝食後、昼食後、夕食後の一日三回
条件2：八時、一三時、一八時の一日三回
条件3：四時間以上の間隔をあけて一日三回
条件4：四時間以上の間隔をあけて一週間に二一回

いずれの条件でも一週間で合計二一回電話するのは同じです。この実験がこれまでの研究と異なるのは、条件3と条件4を加えたところでした。追加した二つの条件を行うためには、「すでに何回電話をかけたのか」「前の電話は何時にかけたのか」といった情報を覚えておく必要があります。

高齢者はエピソード記憶が低下するので、し忘れと記憶成績が関連しているのであれば、この二つの条件では条件1と2よりも電話のかけ忘れが増加すると予測されます。しかしながら、結果は予測に反し、電話の達成率に条件間で統計的に意味のある差は認められませんでした。

加えて、実験参加者全員に実施していた記憶検査の結果と、この課題の達成率に関連

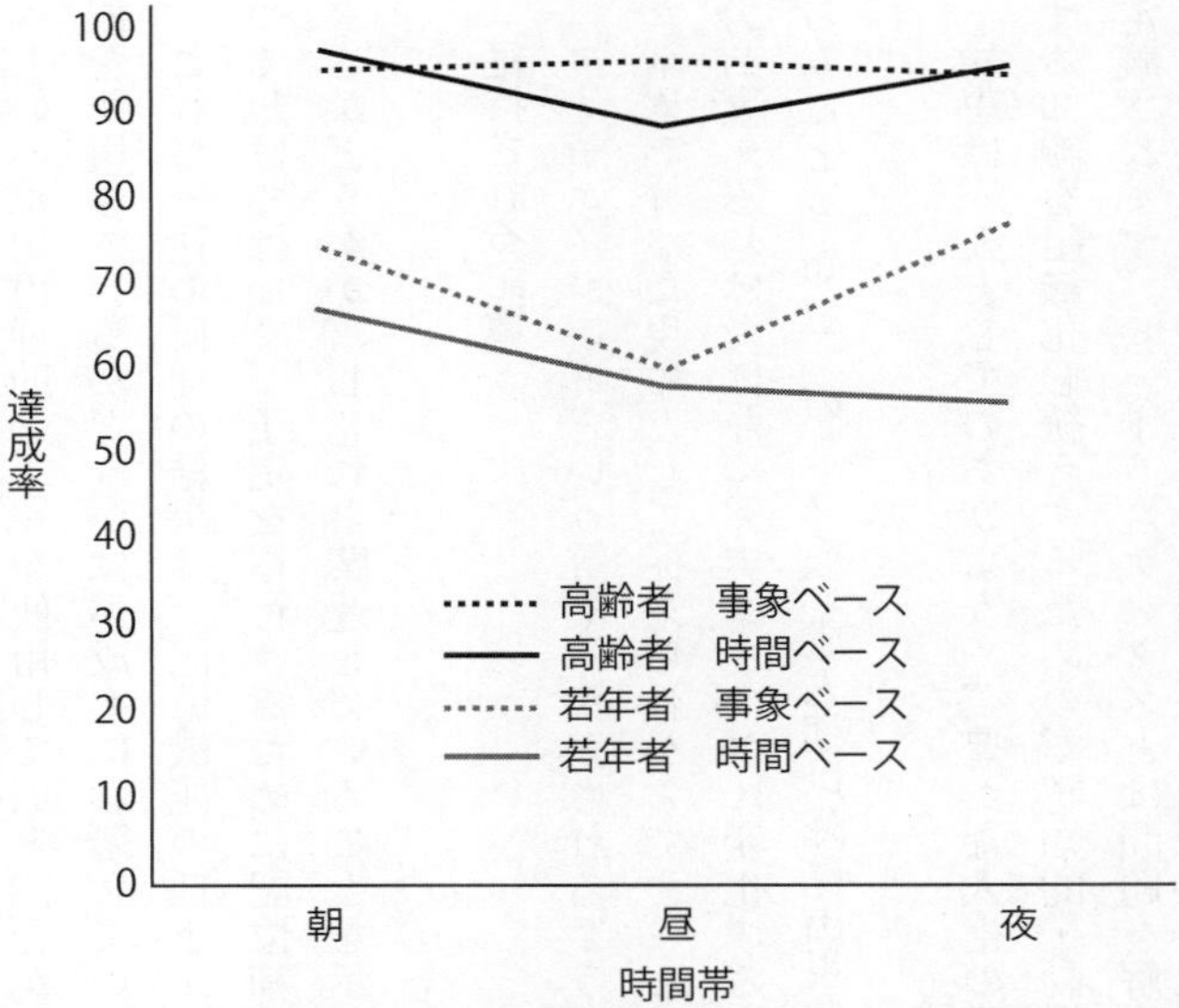

図１－７　**高齢者よりも若年者で達成率が低い（し忘れが多い）**
時間ベースは指定された時間（8時，13時，18時）に電話をかける
事象ベースは食後に電話をかける（増本ら，2007）

性も認められませんでした。

この結果は、高齢期で低下するエピソード記憶に依存した課題であっても、高齢者はし忘れずに電話をかけられることを明確に示しています。

では、何がし忘れに影響するのでしょうか。電話のかけ忘れが一度もなかった参加者と、かけ忘れが一度でもあった参加者を比較すると、三つ目と四つ目の条件では、かけ忘れのなかった高齢者で、手帳やアラームといった記憶補助ツールを使用している割合が顕著に増加していました。一方、記憶術を使用しているかどうかは達成率に影響していませんでした。

これら一連の研究の結果は、記憶機能の低下が必ずしも日常生活の「し忘れ」に結びつくわけではなく、予定を遂行するために記憶補助ツールを使用するといった対処をできるかどうかが、し忘れと関連していることを示しています。

維持される記憶

アンチエイジングという言葉に代表されるように、加齢や高齢という言葉は、抗うべきネガティブな現象として捉えられがちです。しかしながら、加齢によってすべての能力が衰えるわけではなく、ポジティブに変化する機能もあります。生涯発達的な観点からみると、「知恵」のように、成人期以降に出現し高まる能力の存在も指摘されています。

知恵は、人としてのありようや、豊かな人生の設計・マネジメント・理解の方法に関する知識を組織化し統合するための、認知的・動機づけ的なメタヒューリスティクスと定義されます。ヒューリスティクスとは問題を解決するための経験的な方法を意味し、メタヒューリスティクスはヒューリスティクスの枠組みや総称として使用される言葉です。

知恵には、教育によって育成される学問知、経験によって培われる経験知、判断力、問題解決能力、対人スキルなどさまざまな要素が含まれます。ここでは、そのような知恵の基盤であり、加齢の影響がみられない、あるいは、影響があってもほとんど低下しない記憶機能についてみていきます。

知識の記憶について

知識の記憶は学術的には意味記憶と呼ばれます。漢字や九九、歴史上の人物といった普遍的で一般的な知識はすべて意味記憶です。思い出の記憶であるエピソード記憶と、知識の記憶である意味記憶は、いつ・どこでといった文脈情報をともなっているかどうかで区別されます。たとえば、「小学校の時にお風呂で九九の練習をした」という記憶はいつ・どこでという文脈情報をともなっているためエピソード記憶に、「9×9＝81（ククハチジュウイチ）」という記憶は文脈情報をともなわない、一般的な知識のため意味記憶になります。

私たちが生まれてきてから蓄えつづけた知識は膨大です。辞書のページをランダムにめくってみても多くの言葉がわかるのではないでしょうか。辞書のように完全なものでないにしろ、膨大な知識が私たちの頭の中にどのように蓄えられているかは、心理学者だけでなく、人工知能の研究者たちの興味も引きました。人と同じ知能を持つコンピュータを開発するうえで、人の知識がどのように蓄えられているかを知ることが必要であると考えられたからです。

そのようにして一九七〇年頃から始まったのが認知心理学と呼ばれる心理学の領域であり、現在でも人の情報処理の仕組みを明らかにしようと盛んに研究が行われています。話がそれましたが、知識が頭の中にどのように蓄えられているのかを調べることは容易ではありません。心理学者は次のような課題を作成し、知識がどのように貯蔵されているかを解明しようとしました。

次の文章の正誤を判断してください。

「カナリアはトリである」
「カナリアは動物である」

「カナリアはカナリアである」

どれも文章としては正しいのですが、正誤判断にかかる時間は異なります。「カナリアはカナリアである」が最も速く、「カナリアは動物である」の判断には最も時間がかかります。では、次の問題はどうでしょうか。

「ツバメはトリである」
「ペンギンはトリである」

これもどちらも正解ですが、多くの人は「ツバメはトリである」という判断のほうが速くできます。ツバメもペンギンもトリですが、二つは同じように頭に保存されているわけではなさそうです。

このような研究の結果から、研究者たちは、私たちの頭の中にある知識が本棚に整理された本のように、あるいは、あいうえお順で並べられた辞書のように整然と並んではいないと考えました。

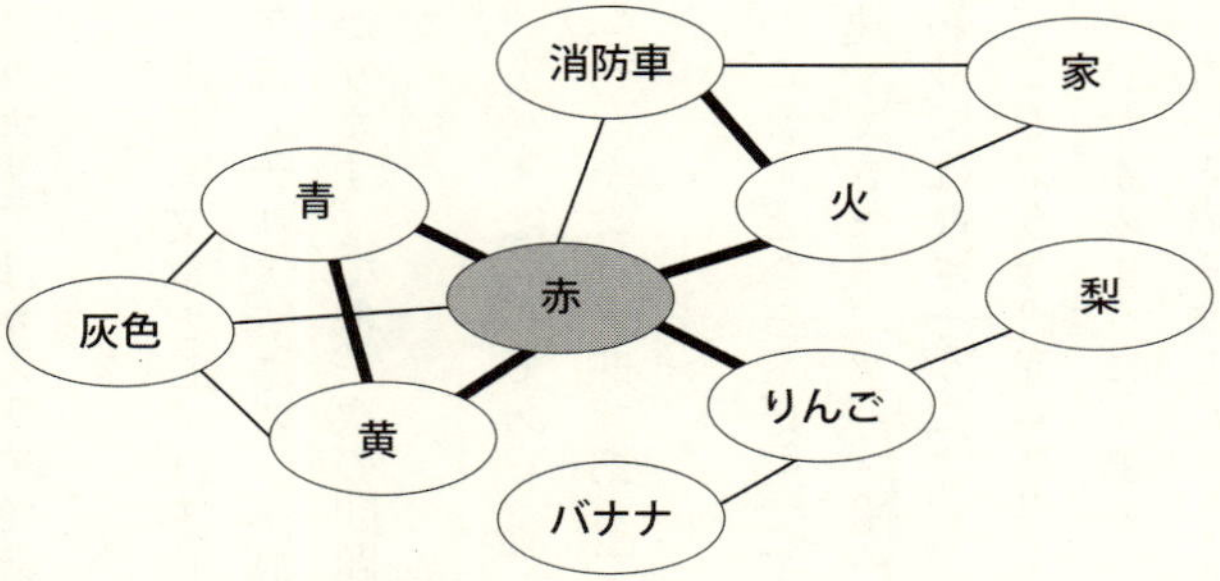

図１－８　知識の意味的ネットワーク

そして判断にかかる時間の違いをうまく説明する仮説として、意味的なネットワークによって知識が蓄えられていることを想定したモデル（図１－８）がコリンズ博士とロフタス博士によって提示されました。

このモデルでは情報は単体で存在するのではなく、他の情報とネットワークでつながっていることを想定しています。また、一つの情報が取り出される時、その情報と結びついている他の情報も活性化し取り出しやすくなることを想定しました。この点については次節のプライミングで改めて説明します。

知識が脳のどこに蓄えられているのかについても、神経心理学研究、機能的脳イメージング研究から多くのことがわかってきました。図１－９は知識に関与する脳の部位を示したものです。行為や色、形といった知識は脳の異なる場所に蓄えられており、たとえば、

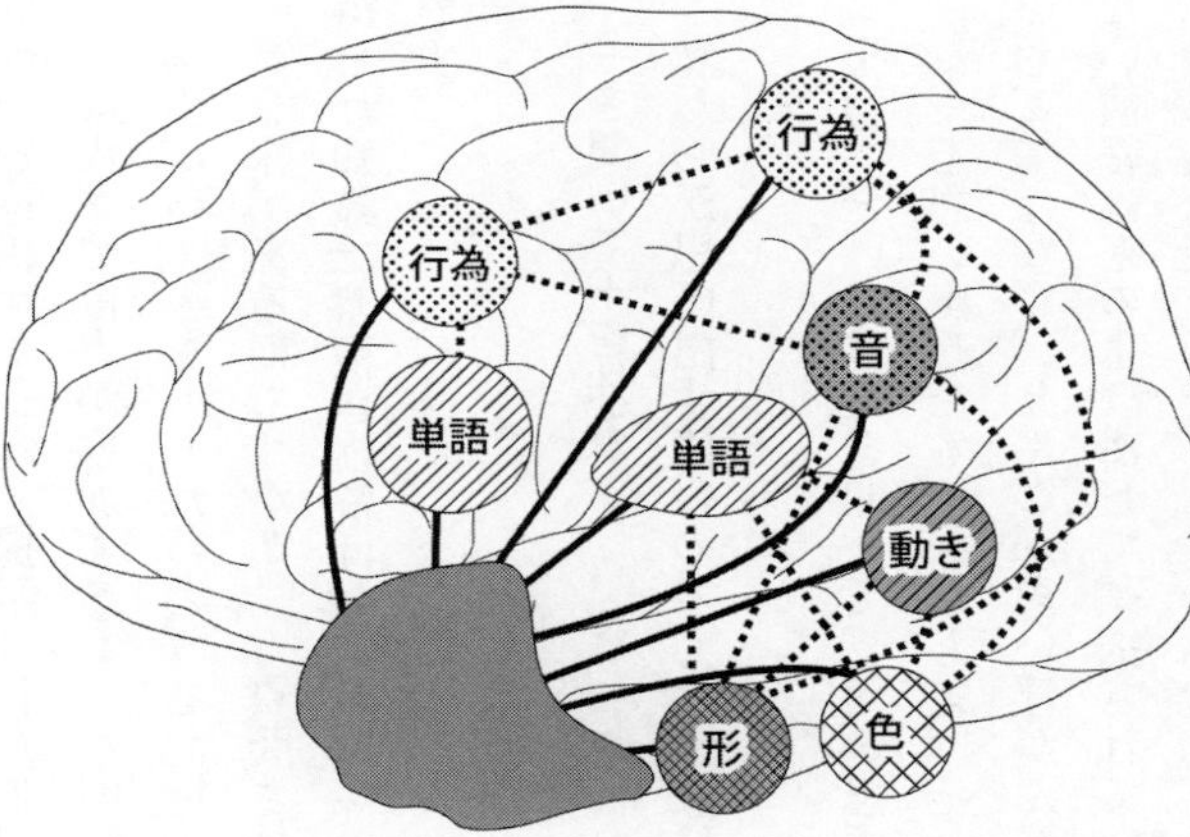

図１－９　知識の脳内ネットワーク。知識はどこにあるのか？
（Patterson et al., 2007 をもとに作成）

それぞれの部位を損傷すると、色の知識が失われたり、人工物の名前だけが特異的に思い出せなかったりします。そして、これらの知識を結合し、概念知識へと統合するハブの役割を前部側頭葉が担っています。このように私たちの知識は脳全体に蓄えられているのです。

意味記憶は図１－４でも示したように加齢にともなう低下がみられない記憶です。たとえば、パーク博士らは、二〇～八九歳までの三四五人を対象に、知識を担う意味記憶の指標として、提示された単語と最も近い意味を持つ単語を選択する課題、提示された単語と同義語を選択する課題、提示された単語と反義語を選択する課題といった複数の課題で、七〇歳代まで得点が増加することを明らかにしています。

学生から「年をとったらどうせ記憶力が悪くなって思い出せなくなるのに勉強をし続ける意味があるのですか？」と質問されたことがあります。回答は「人生をつうじて獲得した知識は蓄積され続け、年をとっても忘れないし、それが知恵の基盤になります」です。

一を聞いて十を知る

私たちが思い出す情報の多くは、意識しないところで、ほぼ自動的に決定されています。

「果物」という言葉を聞いて、何が思い浮かびますか？

パッと思い出したもの、たとえばそれがりんごであったとして、梨やもも、ぶどう、いちごではなく、りんごが思い浮かんだのはなぜでしょうか。頭に浮かぶ情報と浮かばない情報はどのようにして選択されているのでしょうか。

「こんちには、おんげきですか、わしたはげきんです」。この間違いだらけの文章を理解できるのはなぜでしょうか。「こんにちは、おげんきですか、わたしはげんきです」と読めてしまうのは、これまでに何度も「こんにちは」という単語に接していることで、似た形態をした「こんちには」を無意識に「こんにちは」と読んでしまうからです。

これはプライミングと呼ばれ、先行して提示された情報が、あとに続く情報の処理に影響し、情報へのアクセスの効率化や情報の処理スピードを速める、私たちが意識することなく使用している自動的な記憶の一つです。プライミングは思い出すという意識をともなわず、言語化もできない記憶なので言葉での説明では理解するのが難しいかもしれません。しかし、多くの人はおそらく子どもの頃にプライミングを使った遊びをしています。

「シカ」を一〇回言ってみてください。サンタクロースが乗っているものはなんでしょうか？　「トナカイ」ではありません。正解は「そり」です。このような間違いは、意味記憶で見た図１－８の知識のネットワークを考えると、容易に理解できます。「シカ」という情報が提示されると、頭の中で「シカ」とネットワークでつながった「トナカイ」が次に想起される候補として自動的に活性化します。反対に、正解である「そり」は多くの人にとって、「シカ」とはネットワークでつながっていないか、つながっていても「トナカイ」よりも遠いネットワークであるため、次に思い出す候補として「トナカイ」が優先されます。

この遊びは、プライミングによって誤った解答を導くものですが、もしプライミングがなければ、何かを考える時に必要な情報をいちいち一つずつ意識的に思い出さなくてはなりません。プライミングのおかげで、一つの情報から瞬時にその情報と他の情報の関連や、背景まで把握できるのです。

脳に形成される知識のネットワークは、これまでの経験によって構築されます。プライミングによる情報ネットワークの活性化は一年間維持される一方で、必要がなくなればネットワークは消失します。

このネットワークの構造には個人差があります。りんごが好きな人は、「赤」という文字を見て、「りんご」が次に意識にのぼる情報の候補として活性化するかもしれませんが、家が火事になった経験がある人は「消防車」のほうが次に取り出す情報の候補として活性化するかもしれません。そのため、まったく同じ知識のネットワークを持つ人はいません。

そして、「一を聞いて十を知る」ような人は、単に知識が多いだけでなく、それぞれの知識が関連づけられ、一つの情報が与えられた際に、多くの情報にアクセスできる人だと考えられます。

健康な高齢者を対象とし、プライミングに加齢が及ぼす影響を検討した四年間の縦断的研究は、加齢による低下が認められないことを報告しています。これまでのプライミングに関する研究を概観すると、プライミングにおける加齢の影響はない、もしくはあってもごくわずかです。

人生で獲得した知識（意味記憶）のネットワークは高齢期でも維持され、プライミングの基盤となる情報の自動的なアクセスも加齢の影響を受けにくい記憶です。そのため、若い人と比べて複雑な思考を行う能力が低下していても、多くの経験からたくさんのことを学び知識のネットワークを広げた高齢者は、一つの情報からその背景にあるさまざまな事柄を把握できるのです。

何かをはじめるのに遅すぎるということはない

楽器の演奏、スポーツ全般、将棋や囲碁、どのような分野にも熟達者（エキスパート）と呼ばれる方がいます。技能学習の基盤となるハウツーの記憶は手続き記憶と呼ばれています。特別な技能でなくても、普段の生活の中にある、車や自転車の運転、パソコンのブラインドタッチ、包丁の使い方なども技能であり、手続き記憶です。

手続き記憶には、私たちが特に意識して思い出さなくても処理できる反面、意識したり言語化したりすることが難しいという特徴があります。自転車を運転中に、「あそこのカーブを曲がるにはハンドルを三〇度右に曲げる」とか「ハンドルを曲げる前にブレーキを軽くかける」などと意識はしませんし、運転方法を言語化して思い出すこともありません。

また、技能は身体的な動作をともなうものだけではありません。認識的な技能の熟達の仕組みについて、海外ではチェスを用いた研究が多くなされてきました。日本ではチェスの代わりに将棋を用いた研究がいくつか報告されています。これらのゲームには明確なルールがあり、実験問題の難易度のコントロールがしやすく、熟達者と初心者での技能の違いを把握しやすいという利点があります。

そして、これまでの研究は、チェスや将棋の熟達者が三〜五秒間で盤面にある駒の配置をほとんど記憶できることを示しています。しかし、これはチェスや将棋のエキスパートが驚異的な記憶力を持っているからというわけではありません（もちろん、そのよ

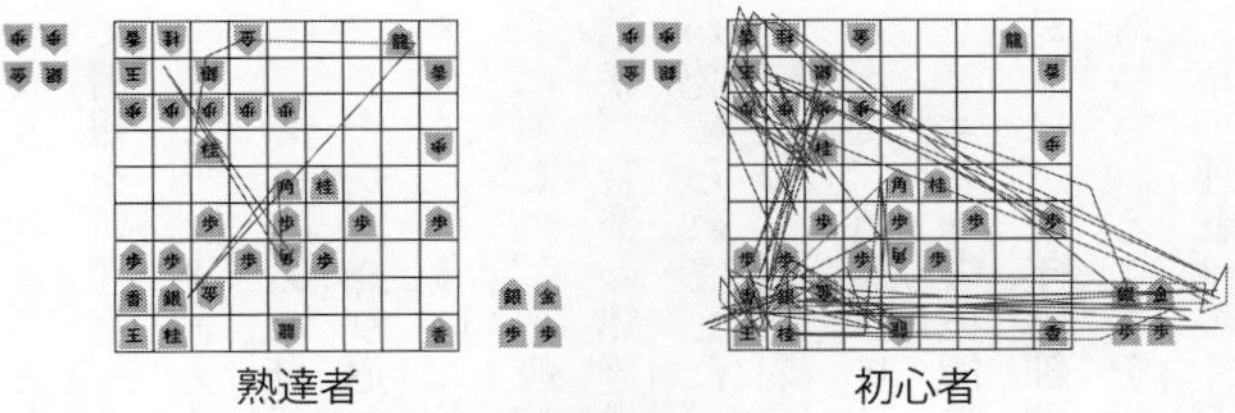

図1－10　**熟達者と初心者の視線移動距離**

うな人がチェスや将棋の熟達者であることもありますが）。実際、盤面の駒をランダムに配置すると、盤面の記憶が初心者と同じ程度になります。

図1－10は私の研究室の学生が実施した卒業研究で、視線追跡装置を用いて将棋の熟達者と初心者の視線の動きの違いを示したものです。

熟達者と初心者を比較すると、初心者は盤面を認識するために盤面全体に視線を移動させ、視線が特定の場所にとどまる時間も長いこと、反対に熟達者は盤面認識のための視線の動きが小さく、視線がとどまることも少ないことがわかります。

将棋やチェスで熟達者が視線をあまり動かさずに盤面を把握できるのは、盤面の駒を一つひとつ認識しているからではないのです。熟達者は、盤面を形として捉え、駒がどのような手順で打たれたのか、次は何に気をつければ良いのか、盤面の重要な部分を素早く、かつ、意識せず自動的に察知できるからです。

つまり、熟達者と初心者で大きく異なる点は、蓄えられた認知パターンにそって自動的に情報を処理し、これまでの認知パターンと照らし合わせることで状況判断を瞬時にできることだと言えます。

このような技能の基盤となる手続き記憶も、加齢の影響がみられない、もしくは小さいことが、繰り返し報告されています。クランプ教授らは、高齢になっても活躍するピアニストが多いことに着目し、若年と高齢の熟練のピアニストとアマチュアのピアニストに対して、一般的な認知課題とピアノの鍵盤を用いた音楽課題を実施しました。その結果、音楽の熟達者、初心者にかかわらず、一般的な情報の処理速度は加齢による低下が認められました。

しかし、音楽課題ではアマチュアのピアニストでは加齢による低下が認められたのに対して、熟練のピアニストでは加齢による低下が認められませんでした。また、高齢のピアニストの技能の程度には、直近一〇年の計画的な練習量が影響していました。この結果は、長年の練習によって熟達化した技能は、計画的な練習を行うことで高齢期でも維持されることを示しています。

車の運転は多くの人が獲得する技能の一つですが、教習所に通い始めたばかりの時は、アクセルとブレーキの位置でさえも意識しなければなりません。この時は手続き記憶が形成されていないため、意識的な記憶が必要となります。そのため、エンジンをかけてサイドブレーキを下ろし、左右前方を確認し、ゆっくりとアクセルを踏む――というように車を発進させるだけでも前頭葉に依存したワーキングメモリが働きます。

しかし、運転に慣れて、これらを意識せずにできるようになると、運転中の脳活動にも変化が生じ、線条体《せんじょうたい》（尾状核《びじょうかく》および被殻《ひかく》と呼ばれる脳部位）といった、高齢者でも機能の低下が小さい部位が活動するようになります。

熟達者とされるだけの技能の獲得には一万時間の訓練が必要となると言われています。一万時間は途方もない時間のように思えますが、一日三時間で一〇年程度です。平均寿命が八〇歳を超えていることを考えると、退職した後でも何か新しいことにチャレンジし、その分野のエキスパートになることは可能なのです。

習慣とは何か

新しい環境や初めての刺激に晒された時、それらに対応するために私たちの脳はフル回転で活動します。反対に毎日繰り返されるルーティン化された行動は意識せずにこなすることができます。

朝起きてベッドから出て、キッチンに向かい、電気ケトルに水を入れ、お湯を沸かしている間に、洗面所で顔を洗い、ヒゲを剃り、ケトルで沸かしておいたお湯でコーヒーを入れる。私の毎朝の一連の行動は、繰り返された経験によって身につけた手続き的な習慣です。そして、習慣となった一連の行動を行っている範囲に関しては、この手順を意識せず、寝ぼけながらでも朝の支度をすることができます。一方で、このような習慣はちょっとした環境の変化の影響を受けます。旅行先の初めて泊まるホテルで、朝起きてからコーヒーを飲むまでの動作を行うには、何がどこにあるのか、どうすればお湯を沸かすことができるか、一つひとつ意識し確認する必要があり、自宅で行うように簡単にはいきません。

高齢になり、住む場所が変わると環境の変化に適応するのが難しいのは、これまで長い間暮らしてきて意識せずに行える多くのことを、すべて意識して行う必要があるからです。反対に言えば、環境が変わらずに同じ場所に住むことができれば、高齢になっても習慣は維持されるため、これまでと同じように生活できる期間は延びると考えられます。

では、習慣はどのように形成されるのでしょうか。私自身、毎朝コーヒーを入れる習慣ができた理由を考えたこともなかったので、ここで少し考えたいと思います。我が家には子どもがいて、妻も働いているため、毎朝、分刻みで行動しなければなりません。そのような状況で、私はコーヒーを毎朝一・五リットルつくります。量が多すぎるためコーヒーメーカーは使えません。わざわざドリップして一〇分以上の時間をかけてコーヒーを入れるのは、なぜでしょうか。

理由の一つは、職場に持っていくためです。職場についてからコーヒーを入れるよりも朝入れてしまえば、通勤の車の中で好きな時に飲めます。そしてもう一つは、私がコーヒーを入れると、妻が喜んでくれるからです。

このようなメリットと、朝の忙しい時間帯の一〇分を天秤にかけると、やはりコーヒーを入れることによって得られるメリットが大きいと、私の脳が自動的に判断しているのだと思います。

「思います」というのは、コーヒーを一・五リットルも忙しい時間帯に入れる利得をじっくりと考えたことがなかったからです。何も考えずに行っていたものも、それを行うことによって得られる結果がポジティブなものであれば、その行動は維持され習慣となります。

このような習慣の形成は、努力を必要とする顕在記憶の形成に重要な海馬に依存しない、潜在的で自動的な記憶です。そのため、年をとっても新しい習慣を身につけることができます。

海馬を損傷してエピソード記憶に障害がある健忘症と、エピソード記憶には障害がないが線条体の機能低下がみられるパーキンソン病の方を対象としたノールトン博士らが行った有名な実験があります。この実験では、四枚のカードのうち一〜三枚が提示され、参加者は提示されたカードが雨を意味するか晴れを意味するかを予測することが求められました。

たとえば、■が書かれたカードは七五%、▲は五七%、●は四三%、◆は二五%で晴れを意味するといったように、それぞれのカードが示す天気は確率的に変化します。そして、その確率は参加者には教えられていません。この課題を実行するにはカードが示す天気の確率を推測するしかありません。

健忘症患者は重篤なエピソード記憶障害を示すため天気予報の課題を行ったことはすぐに忘れてしまいますが、天気の確率判断を何度も繰り返すと、天気の予測の正確性は高まりました。一方で線条体の機能低下を示した重度のパーキンソン病の参加者は、天気予報課題を行ったことは健常者と同じくらい覚えていたにもかかわらず、いくら試行をかさねても予測の正確性が高まりませんでした。

この結果は、過去の経験を覚えていなくても、どのような選択が良い結果をもたらすのかを経験から学習できること、そしてこのような確率判断は線条体といった加齢の影響を受けにくい脳部位が関与していることを鮮やかに示しています。

習慣の獲得は、ワインのように選択が難しい商品の購入を考えると理解しやすいかもしれません。酒屋に行くとワインコーナーにはたくさんの種類が並んでいます。ワインに詳しくない人からすると、選択肢と生産国やぶどうの種類といった選択の基準が多すぎて、どのワインを選ぶのが正しいのかわからず、途方に暮れてしまいます。安くて美味しいワインを飲めれば良く、私のようなワインに詳しくない者にとって参考にできる情報は、「お店のおすすめ」しかありません。

さまざまなお店でワインを買いつづけると、感覚的にどのお店のおすすめが自分の好みに合うかがわかるようになり、それ以外のお店では購入することが少なくなります。最終的にはそのお店がおすすめするワインの中でも特に美味しかったワインばかり買うようになります。

一方、すべてのワインを飲んで比べたわけではないので、習慣的に選ぶようになったこのワインよりも、美味しいワインはあるはずです。ただ、習慣は合理的な判断で形成されているわけではないため、他にも美味しいワインがあり、その理由を合理的に説明されても、習慣を変えることは難しい場合があります。

特に、複数の情報の対比といった複雑な情報の処理を担うワーキングメモリが低下する高齢期では、習慣を変えることはより困難になるでしょう。しかし、ベストではなくベターでも良しとすれば、認知機能が衰え新しい情報を記憶する能力が低下しても、身につけた習慣を駆使することで、個々人にとって適切な判断や行動をとることはできます。

習慣は良くも悪くも高齢になっても維持されるため、なるべく良い習慣を身につけておきたいところです。

第2章　記憶と物忘れ

衰える記憶への対処

高齢期の記憶について考える時、記憶力の低下をどうにかすれば、日常生活の物忘れが減ると考えがちです。しかし、記憶の問題は、そう単純ではありません。

まず、日常生活の物忘れは記憶の低下だけで説明はできません。鍵やめがねが見当たらないのは、置いた場所を忘れたのではなく、そもそもどこに置いたのかを意識していなかったのが原因かもしれません。

この場合、記憶の問題より、むしろ不注意が原因です。必要なタイミングで用事を思い出せなかったのは、忙しすぎることが問題であって記憶の問題ではない可能性もあります。

また、記憶力が良くなることで物忘れを防げるのであれば、若年者は物忘れが少ないということになります。しかし残念なことに、記憶検査で人並み以上の記憶力を示す学生が、大切なレポートの提出を忘れることは珍しくありません。

日常生活の物忘れには、記憶以外のさまざまな要因が影響しているため、記憶検査で一〇個提示された単語を七個覚えることができるAさんと、九つ覚えることができるBさんで、Bさんのほうが日常生活の記憶の問題が少ないとは言えません。つまり、記憶検査の結果が何点か上昇することが、必ずしも日常生活の物忘れの軽減につながるわけではないのです。一〇個提示された単語を一つしか覚えられないCさんは物忘れをたくさんするかもしれませんが、それは正常な加齢による記憶機能の低下ではなく、認知症が疑われます。

記憶検査の点数によって高齢者の日常生活の物忘れを説明できるわけではないため、記憶検査の成績が向上することと、普段の生活の中での物忘れへの対処は分けて考える必要があります。日常生活での物忘れに確実に対処するには、年齢とともに低下していく記憶に頼ることは得策ではありません。また記憶に頼る必要がある場合でも、これまでと同じ方法では覚えることが難しい場合もあります。

本章では、衰える記憶にどのように対処できるのか、前章で解説した記憶の特徴をふまえ、述べたいと思います。

興味関心が記憶をうながす

「ギシフ・ノクオキ」という世界史に残る人物がいたとします。この人物の名前を一週間覚えておくためにはどうすれば良いのでしょうか。受験生の頃、覚えたい内容はノートに繰り返し書くようにと言われたのは、私だけではないはずです。

その言葉を真に受け、ひたすらノートに暗記の対象を鉛筆ではなく消えないボールペンで書くという験《げん》を担ぎ、溜まったノートを見ては自分の頭にこれだけの情報が入っているはずと思い込んでいました。一方で、それほど時間をかけずにあっという間に同じ内容を覚える友人もいて、頭の出来が違うのだな、と思ったりもしました。そして大学に進学し、記憶について学ぶ中で、私の勉強の仕方は決定的に誤っていたとわかり、ショックを受けました。

今から四〇年以上前に、カナダのカルガリー大学のロジャース博士らは同じ情報を覚える際、覚え方を変えることが記憶成績にどう影響するかについて実験を行いました。

彼らの実験では、参加者に形容詞四〇個を提示し、それぞれの形容詞について四つの異なる判断を求めました。一つ目は形容詞の文字の大きさについて判断する条件（文字の形態の判断）、二つ目は別の単語XXXの韻を踏んでいるかどうかの判断（文字の音の判断）、三つ目は別の単語YYYと同義語であるかどうかの判断（意味的な判断）、四つ目は形容詞が自分にあてはまるかの判断です（自己関連の判断）。このような判断を行ったあとに、それぞれの形容詞を思い出してもらいました。

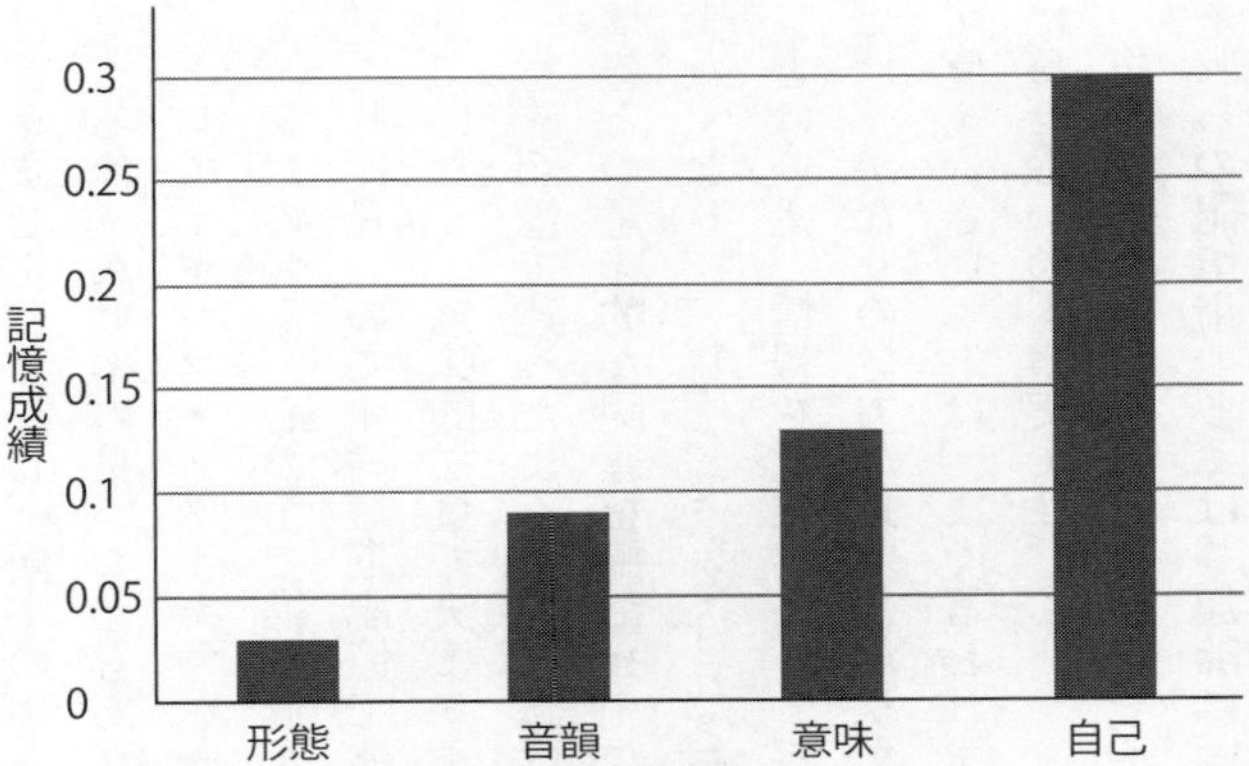

図２－１　自分と関係のある情報は記憶されやすい（Rogers et al., 1977 をもとに作成）

図２－１は、その成績を示しています。同じ形容詞でも、提示された際にどのような判断をしたか、覚える際の処理の違いによって、記憶成績が大きく異なっています。この現象は処理水準効果と呼ばれ、文字の形に関する形態処理は最も処理水準が浅く、音韻処理、意味処理の順に処理水準が深くなり、処理水準が深くなるほど残りやすいことがその後の研究で何度も確認されています。

書いて覚える形態処理は処理水準が浅いため、時間がかかる上に覚えにくく、効率の良い覚え方とは言えないことになります。ただ、例外もあります。英語のアルファベットや日本のひらがな、カタカナのような表音文字の場合は、書いて覚えることが効率的であるとは言えません。しかし、漢字のような文字の形に意味がある表意文字の場合は、書いて覚えるほうが効率の良いこともあります。

そして「ギシフ・ノクオキ」を一週間覚えるための簡単な方法は、ひたすら書くのでも、読むのでも、心の中で繰り返すのでもなく、『「きおくのふしぎ」の反対』と意味で覚えれば良いのです。短期記憶で述べたように、一度に記憶できる記憶の量は物理的な量ではなく、意味的な量で決まります。

意味記憶で述べたように、知識はネットワークでつながっています。そのため、他の情報との意味的な関連を持たせずに単に丸暗記すると、思い出す時の検索の手がかりが少なくなり、「わかっているけれど思い出せない」という状況が生まれやすくなります。

とはいえ、情報を覚えようとするたびに、別の知識と関連づけたり、意味づけを行うには、かなりの労力が必要となります。「丸暗記ではなく、意味で覚えなさい」「理解して覚えなさい」とは、よく言われますが、それが良いとわかっていても、なかなか実行に移せないのも事実です。

記憶術についても語呂合わせやイメージ法など、効率的なものはいくつもありますが、それらの記憶術の多くは、加齢による低下が顕著な意図的な情報処理プロセスに依存しています。

そのため高齢になってから、新しく記憶術をマスターして記憶力の低下に備える方法は、練習する際には効果があったとしても、日常生活ではめんどうで使えない、使おうとしても労力がかかって続けられない、ということが生じます。そのため、記憶術は重要な場面であるほど、し忘れや物忘れを防ぐ方法として得策とは言えません。

このような認知的負荷の高い作業を労力なく実行するためのヒントとなるのが、四つ目に挙げた、形容詞が自分に関連しているかどうかの判断です。この判断を行った時の記憶成績は、他の条件と比べて最も高くなっています。ある情報が自分自身と関連しているかどうか、特に、関連している場合には情報が記憶される確率が高まります。これは自己準拠効果と呼ばれています。

大切なことが記憶される

私たちは、常にさまざまな情報に囲まれて生活しています。そして、それらすべてを記憶できません。何を記憶しているかというと、自分に関連があり、重要で、覚える価値や意味のある対象を記憶するのです。そのため人は関心や興味のあることについては、それほど努力せず記憶することができます。

車で通勤していて電車にあまり乗らないような場合、たまに乗る電車の時刻を覚えようとは思いません。しかし、通学・通勤のために電車を利用する人にとっては、特に行きの電車の時刻は覚えようとしなくても覚えてしまいます。また、時刻表に関心のある鉄道マニアの中には、特定の路線のすべての時刻表を暗記している人もいます。

ポケットモンスターというゲームには、数百というモンスターが登場します。その中には進化するモンスターもいて、たとえば「ヒトカゲ↓リザード↓リザードン」というように進化のたびに名前がかわります。

このようなモンスターの名前を、ポケモンに夢中になった子どもは意識しなくても、あっという間に覚えてしまいます。その一方で、モンスターの名前のように変化をともなう英語動詞の時制変化、たとえば、choose/chose/chosenを覚えようとしても簡単にいきません。サッカーや野球が好きな人はプロ選手の名前をすぐに覚えてしまうのに、関心のない芸能人の名前が覚えられないのも、興味や関心の程度が記憶には重要なことを示しています。

なぜ興味が記憶を促進するのでしょうか。興味のあることに取り組んでいる時には、興奮や高揚感があります。感情は脳の扁桃体が働くことで喚起されます。扁桃体は、幸せといったポジティブな感情、恐怖や怒りといったネガティブな感情だけでなく、自己に関連する情報に対しても反応します。

扁桃体の活動は、視覚的な情報や聴覚的な情報を処理する視覚野、聴覚野での処理を促進することが報告されています。つまり感情を喚起する情報と感情をともなわない情報では、脳の処理が異なるということです。脳は自分にとって大切な情報に意識を向け記憶するように働きます。

どのような感情であれ、感情が生じるということは、その情報が重要であることを意味します。裏返せば、覚えられないと思っていた情報も自分にとって重要で関連があると思うことができれば、その情報を記憶できる確率はぐっと高まります。

エイジズムが記憶に影響する

年齢による差別、特に高齢者に対する偏見を意味する「エイジズム」という言葉があります。大学生に高齢者のイメージをたずねると、「思慮深い」「豊かな人生経験」といった肯定的なイメージだけでなく、「頑固」「みじめ」「先がない」などの否定的なイメージも多く出てきます。このイメージは、高齢者と接した経験や、成育環境、文化的な背景によって形成されます。このような老いに対する偏見や思い込みを抱くのは若年者だけではありません。

若い時に老いに対して過度に否定的なイメージや偏見を持っていると、自分が高齢になった時、「年をとった私のさまざまな能力は衰えているに違いない」という思い込みや先入観を抱きやすくなります。まったく効果のない偽物の薬を、これは痛み止めの薬だと渡されて服用しても、痛みが治まるといった偽薬効果（プラセボ効果）と同じで、老いに対する思い込みが記憶に及ぼす影響も馬鹿にはできません。

老いに対する思い込みや偏見が、人の行動にどのように影響するのかについて、多くの研究が行われています。ラーハル博士らは、そのような思い込みが記憶に及ぼす影響について検討するために、高齢者と若年者を二つのグループに分け、記憶課題を行いました。

一つのグループには、実験前の説明で「私たちはあなたの記憶がどれだけ良いかに興味を持っている」「この情報をあなたがどれだけ記憶しているかについてテストをします」といったように記憶を強調して、実験の説明を行いました。

もう一方のグループには、「私たちは学習機能について関心を持っている」「あとで提示された情報についてテストをします」というように記憶を強調しない説明を行いました。

二つのグループにまったく同じ記憶課題を実施したところ、記憶を強調した説明を行ったグループでは、高齢者と若年者で統計的に有意な差がみられ、若年者の成績が優れていました。しかしながら、記憶を強調しない説明を行ったグループでは高齢者と若年者の間で成績に差は認められませんでした。

多くの高齢者は加齢とともに記憶成績は低下すると思い込んでいます。記憶テストを受ける前の説明で、記憶に関する実験であることを強調されると、「老いると記憶力が悪くなる」という思い込みが活性化され、記憶に対する不安を増大させます。この不安への対処に、本来なら記憶することに向けられるはずの認知的な資源が奪われるため記憶成績が低下する、と考えられています。

老いに対する否定的な思い込みによる記憶成績の低下を防ぐには、どうすればよいのでしょうか。高齢になると記憶が低下するという、老いのネガティブな情報は世の中にあふれています。フェルナンデスーバレステロス教授らは、自分自身の老いを肯定的に評価している人は、そのような偏見の影響を受けにくいことを、反対に自己の老いに対して否定的な評価をしている人は、思い込みや偏見の影響を受けやすいことを明らかにしています。

高齢になるにつれて記憶力が低下することは事実ですが、日常生活に支障がない限り大した問題ではありません。老いによって生じるさまざまな変化を受け入れ、自分を肯定的に評価することが、思い込みによる記憶力の低下を防ぐことにつながるのです。

気分が記憶に影響する

楽しい、嬉しい、幸福といったポジティブな気分、抑うつ、不安といったネガティブな気分は認知機能のパフォーマンスと密接に関連しています。私たちはその時の気分に応じた情報を思い出す傾向があります。気分が落ち込んでいる時は、普段よりも嫌なことを思い出しやすく、そのため否定的な思考にとらわれます。時には、否定的な思考が気分をさらに落ち込ませ、また別の嫌なことを思い出す、というように負のループに陥ることもあります。一方で、気分が落ち込んでいる時は物事の判断に慎重になる、という研究結果もあり、状況によっては気分の落ち込みがプラスに働く場合もあります。

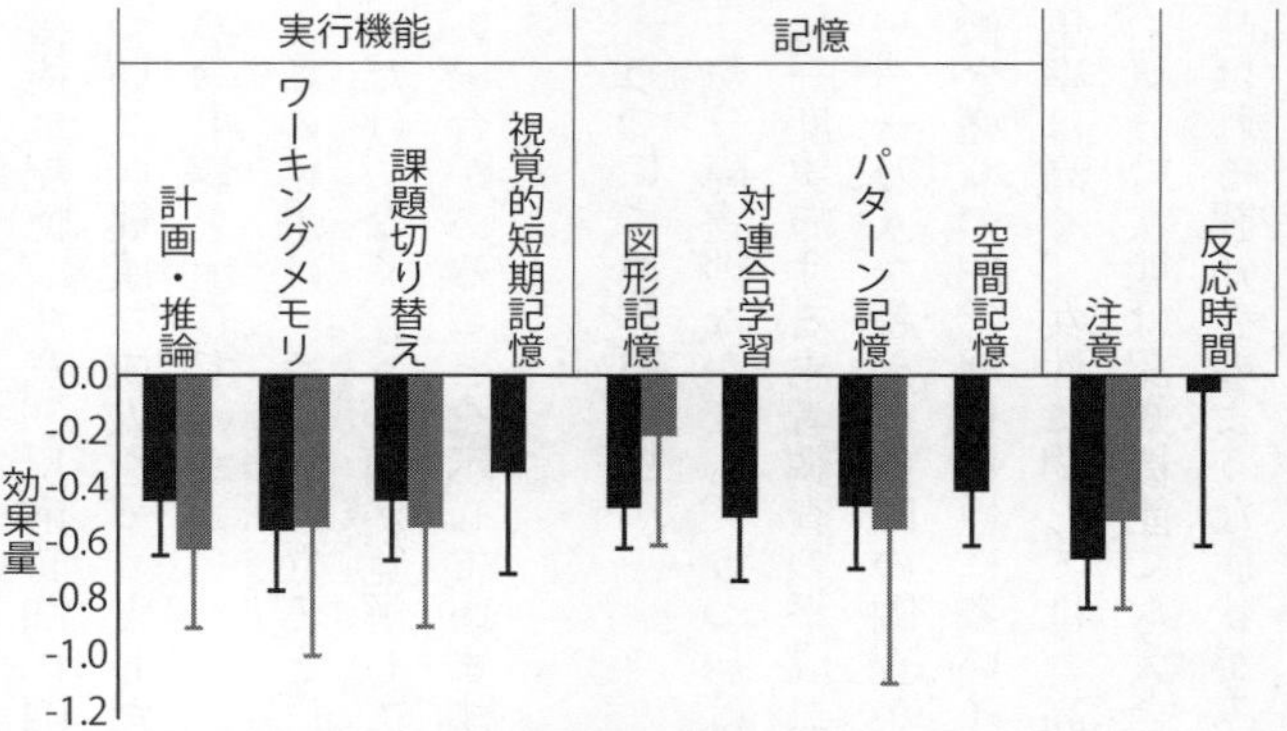

図２－２　うつ病が認知機能に及ぼす影響（Rock et al., 2014 をもとに作成）

良い気分の時は、普段よりも良い出来事を思い出しやすく、思考は拡散し、さまざまな情報に注意が向けられます。その反面、注意散漫になりうっかりミスが生じる可能性が高くなります。気分に応じた情報が記憶に残りやすく、また思い出されやすいという、このような現象は気分一致記憶と呼ばれています。気分が落ち込み、頭がうまく働かないといったことは誰にも経験があるでしょう。気分の落ち込みが、どの程度記憶力を低下させるのかについても、多くの心理実験が行われています。

図２－２は抑うつと認知機能に関する複数の研究データをまとめ、分析しなおした（メタ分析）結果を示しています。横軸には実行

機能、記憶、注意、反応時間に関連する認知機能の成績が、縦軸にはそれら認知機能について、健康な成人をゼロとした場合の、うつ病患者とうつ病だったけれど寛解した方の効果量を示しています。

この結果は、うつ病になると反応時間以外の実行機能、記憶、注意が全般的に低下するだけでなく、うつ病が寛解しても実行機能や注意、そして一部の記憶機能は回復しない場合があることを示しています。

うつによる記憶の低下

気分障害のなかでも、うつ病は特に社会的な問題となっています。厚生労働省が三年に一度実施する患者調査の平成二六年の結果は、うつ病などを含む気分障害の患者数が一一一万人を超え、前回の調査から、一六％増加したことを報告しています。うつ病は、働き盛りの四〇歳代男性に多いイメージが強いですが、実際には、高齢期の男性でも罹患率は高く、女性に関しては、高齢期にもっとも多くみられます（図2−3）。

気分の状態は認知機能にも大きく影響するため、高齢期のうつ病では、仮性認知症と呼ばれる認知症のような症状がみられることもあります。うつ病になると処理速度とワ

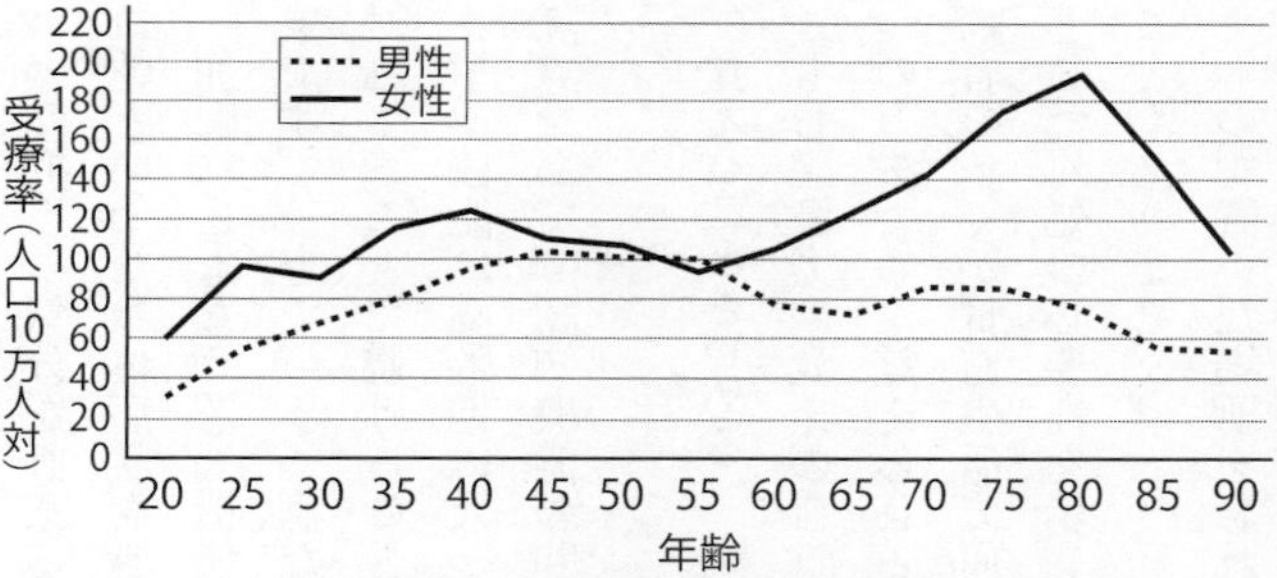

図2－3　**年齢別・性別でみた気分障害の罹患率**（『厚生労働省患者調査』2014年をもとに作成）

ーキングメモリが低下し、その結果、エピソード記憶、言語理解、意思決定に支障をきたすためです。

品川博士らの調査では、認知症ではない高齢者一一五六名のうち五三％は物忘れが多いと感じていましたが、物忘れの程度と実際の記憶成績は関連しておらず、むしろ抑うつの程度が高い人ほど主観的物忘れが多かったことを報告しています。

仮性認知症は、認知症ではありません。認知症の治療ではなく、うつ病の治療が必要になります。しかしながら仮性認知症も認知症と同様に記憶の問題を訴えるため、鑑別の難しさが指摘されています。

アルツハイマー病では本人は症状を過小評価し病気を否定することがありますが、仮性認知症では症状を誇張する場合があります。また高齢者のうつ症状の特徴として、「落ち込んでいる」「憂うつだ」といった抑うつ気分を訴えるよりも、眠れない、食欲がない、あるいは頭痛、腹痛、腰痛、口乾といった身体症状を訴えることが多いようです。

加齢にともなう認知機能の低下は、個人差はありますが、誰にでも起こる不可避な現象です。一方で、うつ病などの気分障害はストレスによって引き起こされることが多く、対処することで避けることができます。また、第5章で述べますが、感情をコントロールする機能は高齢期になっても衰えません。そのため、高齢期の感情のコントロールに焦点をあて、認知機能の問題に対応しようとする研究がすすめられています。

覚えることをやめる

もし記憶力の衰えの自覚によって気分が滅入るようなら、覚えることをやめるのも一つの方法です。覚えられるように努力や工夫が必要な場合もあるでしょう。しかし、高齢者の多くが日常生活で何らかの記憶愁訴を訴える、という事実は、忘れることを前提とした対処の必要性を示しています。また逆説的ではありますが、覚えなければ忘れることもありません。

ものを置いた場所を忘れてしまうことも、覚えることをやめることで解消できます。

家の鍵を捜し回る経験はだれにもあります。直近に鍵をどこに置いたかを思い出すには、鍵を置いたことだけでなく、いつ・どこに、置いたのかまで思い出さなくてはなりません。

鍵は毎日持ち運びするため、鍵を置いた膨大な経験の記憶の中から、直近の鍵を置いた記憶を区別し思い出すのは大変です。鍵の置き場所を固定すれば、固定された置き場所さえ覚えておけば良いので、記憶への依存を相当減らせます。

しかし、「いつものところに置く」こと自体も記憶に依存しているため、これも難しいようなら、鍵に音が鳴るセンサーをつければ、家にある鍵を捜し回ることからはおそらく解放されます。これも覚えることをやめる方法の一つです。

また、物忘れへの対処が大切なのは、高齢者に限りません。たとえば家族が言うには、私は記憶に問題があるようです。話を聞いていないし、聞いていたようにみえても後で確認すると覚えていないし、まるで思い出を共有できていないと言われることもあります。

加えると、日々の予定も正確に把握していませんし、仕事の情報も覚えているかというと、それほど自信がありません。私は自分の記憶をそれほど信用しておらず、会議の日時や約束のスケジュール、論文の執筆に必要な情報など、正確性が求められる情報ほど記憶に頼ることをやめています。

二〇一一年に「グーグルエフェクト」と呼ばれる、記憶に関する現象が、科学雑誌の『Science』に発表されました。インターネットの検索エンジンの名前がつけられたこの現象は、インターネットの普及により、いつでも、どこでも情報を入手することができるようになった結果、私たちは情報を記憶するのではなく、信頼できる情報をどこにいけば入手でき、入手した情報をデバイスのどこに保存したのかといった、別の情報を記憶するようになったというものです。

グーグルエフェクトは、大切な情報を現代人が記憶しなくなったと、ネガティブに解釈されることもあります。しかし、私はそうは思いません。

私が大学院に進学した当時は、論文は図書館に行き、印刷して読んでいました。今は、インターネットで検索して論文をダウンロードすれば、いつでもどこでも読めます。さらに、紙の論文では重要な記述がどの論文に記載されていたのかを覚えたり、線を引いたり、パソコンに打ち直したりして、まとめる必要がありました。

現在では、ファイルの中を検索することで、たとえば「記憶」に関する記述をすぐに探せます。そしてこれを使いこなせるかどうかは、研究者のパフォーマンスに影響しますし、研究でなくても、たくさんの情報を扱う仕事の効率性に大きな影響を与えるはずです。このようなスキルの学習は手続き記憶でも述べたように、高齢期において維持される記憶です。認知症の方でも初期であれば、タブレットの使用方法を学ぶことはできます。

インターネットが急速に広がり、携帯可能なデバイス（スマートフォンやタブレット）でいつでも必要な情報が得られるようになったことで、私たちは記憶に制限されずに情報を扱えるようになりました。そして、この変化は全年代群の中でも記憶機能が低下する高齢者に特にメリットをもたらすはずです。

記憶をコントロールする

覚えることをやめるという話をすると、「それは老いに負けた気がする。記憶力の衰えをなんとかしたい」と言う人も多くいます（特に男性に多いように感じます）。気持ちはわかりますが、年をとると皮膚にシワが刻まれていくように、記憶力は悪くなっていくのです。

人の発達に関わる心理学領域の大家であるバルテス博士は、人生の満足度（近年では、ウェル・ビーイング〔well-being〕とも呼ばれます）を維持するためのライフマネジメントにおいて、選択（Selection）・最適化（Optimization）・補償（Compensation）の重要性を指摘しています（それぞれの頭文字をとってSOC理論と呼びます）。

バルテス博士はこの理論をわかりやすく説明するため、晩年になっても年齢による衰えを感じさせない演奏を行ったピアニスト、ルービンシュタインのインタビューを取り上げています。彼はピアノ演奏における年齢の影響を次の三つの方法によってマネジメントしていました。

1. 演奏のレパートリーを絞り（選択）、
2. それらをこれまでより集中的に練習し（最適化）、
3. これまでよりも速い手の動きが求められる部分の前の演奏の速さを遅くすることで演奏にコントラストを生みだし、速い動きが求められる部分でのスピードの印象を高める（補償）。

ＳＯＣ理論は、年齢による衰えに逆らうのではなく、それを受け入れてどう対応するかを考える大きなヒントを与えてくれます。そして記憶の衰えをマネジメントするうえでも、ＳＯＣ理論を当てはめることができます。

1．覚えておく必要のある重要なことは記憶するのではなく（選択）、
2．メモや手帳などの記憶補助ツールによって正確に記録し（最適化）、
3．記憶力の低下を補い、物忘れに対処する（補償）。

さらに言うと、記憶に頼らず記憶補助ツールを使用することができれば、場合によってはグーグルエフェクトで述べたように今まで以上にたくさんの情報を扱うことも可能になるのです。

携帯電話は有効な記憶補助ツール

記憶補助ツールは、その機能によって受動的（Passive）ツールと能動的（Active）ツールにわけることができます。受動的ツールには、メモや手帳があります。第1章で述

べたように、記憶した情報をそのまま再構成して思い出す能力（再生）は加齢による低下が顕著に見られます。

一方で、思い出す際に手がかりが与えられた場合や、経験したことがあるかどうかという判断を求められる場合（再認）は、若年者と同等のパフォーマンスができます。再生と再認のギャップは「覚えているのに思い出すことができない」といった記憶のエラーにつながりますが、メモや手帳を使用すれば内容を再生する必要がないためこれを防ぐことができます。

しかし、メモや手帳にも欠点はあります。これらは予定の確認には適していますが、予定の時間がきたことを教えてはくれません。特に多忙な時や、何かに集中している際には、予定の存在を覚えていても、うっかり予定を実行することを忘れてしまったケースも生じます。そのため、服薬などのし忘れを防ぐうえで、適切なツールとは言えません。

この欠点を補うのが能動的ツールで、アラームや、携帯電話などのリマインダ機能があります。能動的ツールは、使用者が一度設定しておけば、指定された時間に、自動的に必要な情報を知らせてくれる点で、使用者の意図的な確認が必要となる受動的ツールの欠点を補っています。

他方、能動的なツールの欠点は、手帳のように素早く、気軽に高い自由度で使用できないところです。ただ、最近のスマートフォンは、いちいち予定を入力する必要がなく、たとえば「明日一五時に三宮で〇〇と待ち合わせ」と音声で話しかければ内容が記録され、待ち合わせの時間が近づくと、予定があることを自動的に知らせてくれます。

そして携帯電話のリマインダ機能は、次の二つの理由から、高齢者のし忘れを予防するうえで、極めて有用な記憶補助ツールだと考えられます。

一つは、高齢者の携帯電話普及率の高さです。総務省平成二九年通信利用動向調査によると、六〇歳から六九歳で八八・八％、七〇歳から七九歳で七二・五％、八〇歳以上で三九・七％の高齢者が携帯電話を所有し、普及率は年々増加しており、身近な存在となっていることは重要です。

二つ目は、持ち運びのしやすさです。携帯電話はパソコンと比較して小型で、高齢者でも持ち運びしやすく、使用するためのスペースを確保する必要がありません。

高齢になっても新しい機器は使用できる

リマインダ機能の存在を知らない、また、知っているけど使いこなせる気がせず試したこともない、という方もいるかもしれません。

実際のところ、パソコンや携帯電話の操作に慣れていないため、高齢者はそうした電子機器の操作に困難をきたすことも報告されています。年をとってから携帯電話のリマインダ機能を使用するのは、あきらめるしかないのでしょうか。

この点を明らかにするために、以前私の研究室では、高齢者向けの使いやすい携帯電話として販売されていた「らくらくホン」を使用し、リマインダ機能の操作法の学習に関する研究を行いました。

この携帯電話は、高齢者をターゲットとし、ユニバーサルデザインを取り入れ、液晶画面の見やすさ、音声の聞きやすさ、ボタンを大きくすることによる使いやすさなど、高齢者に配慮された携帯電話としてヒットしました。

また、高齢者に適したインターフェイスの配慮に加え、実験実施当時の他の携帯電話機種と比べて、説明書が図入りで読みやすく、高齢者が使いやすいよう配慮された携帯であったため実験に使用しました。

実験では、リマインダ機能を使用したことがない六一歳から八六歳、平均年齢七二歳の高齢者四七名に、その機能を一人で活用できるようになるまで、実験者が操作方法をレクチャーしながら学習してもらいました。

そして一人で操作できるようになった三〇分後、さらに二週間後にどのくらい操作方法を記憶しているかを測定しました。リマインダ機能を使用したことがない高齢者が、使い方を学習するために要した時間は平均で一二分三〇秒程度（文字入力を除く）でした。平均で三・三五回操作を繰り返すことで、一人でリマインダの操作を行えるようになりました。一方で、リマインダ機能を操作できるようになった三〇分後にもう一度操作を求めると、一人で操作できたのは参加者の約四分の一でした。また二週間後に操作できたのはわずか二名だけでした。

加えて、ワーキングメモリ、視覚的記憶、情報処理速度の認知機能検査の得点と操作方法の学習との間に統計的に有意な関連性がみられ、これらの認知機能の得点が低いほど、操作の学習に時間がかかり、二週間後の操作方法の想起の点数も低くなりました。

この結果だけをみれば、認知機能が低下する高齢者はリマインダ機能の操作方法を学習することが難しい、と解釈できます。しかしながら、この結果から高齢者がリマインダ機能を使用できないと断定はできません。

そもそも、この研究を行った当時は「らくらくホン」といえどもリマインダの操作は複雑だったのです。リマインダを設定するためにはメニューボタンを押し↓「目覚まし・予定を登録する」を選択し↓「予定表を使う」を選択し……というように、予定を登録するために文字入力は含めず一九回のボタン操作が必要でした。電子機器の操作の難しいところは、操作の手順を一つでも間違えてしまうと、うまく機能しないところにあります。実験に参加した高齢者の半数以上は三〇分後であれば一五のステップを、二週間後でも一〇のステップは自力で行うことができました。

つまり手順を簡略化できれば、高齢者でもリマインダ機能を使用できるはずです。他の研究によれば、複雑ではない携帯電話の操作では、高齢者と若年者でパフォーマンスに違いがないことを報告しています。

そして、現在の携帯電話の技術的進歩は目覚ましく、予定の入力に画面操作をほとんど必要とせず、話しかけるだけで予定の入力ができます。

携帯電話のような電子機器操作の学習には、モチベーションが必要不可欠です。モチベーションは、その機能の使用によって得られる利点を十分に理解した時に高まります。

日常生活におけるし忘れは、高齢者の社会生活や自立生活を阻害する大きな要因であることは前の章で述べました。予定を遂行するためには、ただ予定の内容を記憶するだけでなく、適切な時点で予定があることを思い出す必要があるため、自動的に予定を知らせてくれるリマインダ機能が有用であることは間違いありません。

とはいえ、やはりパソコンやスマートフォンなど新しい電子機器の操作を覚えるのが苦手だとおっしゃる方はたくさんいます。総務省の情報通信白書平成二八年版によると、六五〜六九歳の携帯電話の普及率が八〇%以上ですが、スマートフォンの割合は三〇%弱です。

ただ、高齢者普及率が低いのは、スマートフォンの操作が難しいからではありません。アメリカやイギリス、ドイツでは六〇歳代の六〇%、韓国や中国では九〇%以上がスマートフォンを使用しているのです。

他の国の高齢者はスマートフォンを使用しており、高齢者の認知機能については国の間で違いがないのですから、日本の高齢者も使用できるはずです。

日本でスマートフォンの普及が遅れているのは、携帯電話の普及が他の国よりも早く、ガラケーを使い慣れていてスマートフォンに移行する必要性を感じないことや、スマートフォンに興味はあるけれど、誤った操作をすると壊れるのではないか、元に戻せなくなるのではないか、といった不安、新たに操作方法を覚えなければならないフラストレーションが原因として考えられます。

習うより慣れろ

効率よく新しい機器の操作方法を学習するにはどうすればよいのでしょうか？ 一般的に、何かを学習する際、試行錯誤しながら学習した方が良いと言われます。しかし、記憶力が低下してくると、試行錯誤の際の誤りが記憶に残ってしまい、それを修正できずに同じ誤りを繰り返す現象が起こります。

これを防ぐには、試行錯誤で学習するのではなく、初めから正解が与えられ、誤りを排除して学習する必要があります。よくわからない説明書を読んでフラストレーションを抱えながら覚えるよりも、操作方法をよく知っている店員や家族から教えてもらうほうが労力も少なくてすみます。また、操作方法を教わる際は、相手の操作をみながら口頭で教えてもらうのではなく、自分で実際に操作を行いながら説明を受けることで学習が促進されます。

実際に行いながら覚えることによる記憶の促進は実演効果と呼ばれ、エピソード記憶を向上させる符号化の方法として知られています。この実演効果に関する研究で、私は博士論文を執筆しました。実演効果は強力な方法として知られていて、健常者では記憶成績が二〇～三〇％向上し、高齢者を対象とした研究では、実演をともなうと若年者との記憶成績の差がなくなる、あるいは小さくなることが報告されています。

ナイバーグ博士らは三五歳から八〇歳までの一一〇〇名を対象に、実演をともないながら覚える場合と、言葉だけで覚える場合を比較しました。そして、七〇歳の実演をともなった場合の記憶成績は、三五歳が言葉だけで覚えた場合の記憶成績と同程度であったことを示しています。

私たちが行った研究でも、高齢者やアルツハイマー病（AD）患者で実演効果による記憶成績の大幅な向上が見られ、実演することにより覚え間違いは半分に減り（図2-4）、一週間以上経過しても、その効果は維持されていました。

「習うより慣れろ」が優れているのは、私たちが脳イメージング装置を用いて実施した研究からも裏づけられています。行為をともなって覚える際、体を動かすことに関連した運動野などの脳部位が活動します。言葉で覚える場合は、体を動かさないため運動野

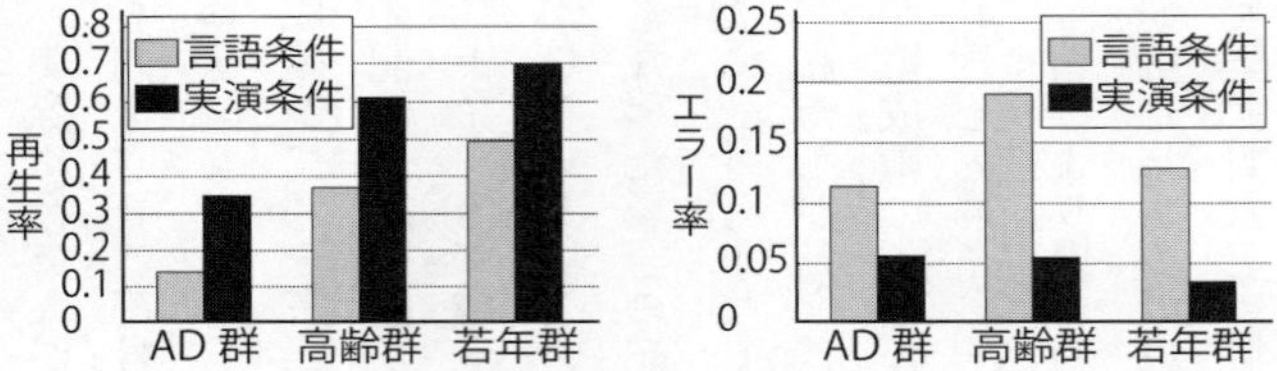

図2－4　実演することで記憶成績は高まり（左）、**覚え間違いは減る**（右）（増本ら 2002；Masumoto et al., 2004）

は活動せず、言語野、特に前頭前野が活動します。

では、思い出す時はどうでしょうか。たとえば、「決定ボタンを押す」ことを言葉で思い出す時、言語で覚えた場合は思い出す時もやはり前頭前野が活動します。一方で、体を動かして覚えた場合、思い出す時には体を動かさず言葉で思い出しても、運動野や頭頂葉が活動します。

前章で述べたように、前頭前野は加齢の影響を特に受ける脳部位です。言語的に記憶する際には、加齢にともない低下する脳部位に依存するため、頑張っても記憶できる量は限られます。しかし行為をともなうことで、脳内の情報処理は変化し、加齢の影響を受けにくい運動野や頭頂葉に依存した処理となるため、高齢になっても実演効果が顕著にみられるのです。

また、情報を思い出すまでの時間を計測すると、思い出すのにかかる時間が短縮されます。一般的な記憶術、たとえば語呂合わせで覚えると言った方法は、覚える際には語呂合わせを考え、思い出す時には語呂合わせで思い出す必要があるため、時間もかかります。しかし、実演効果はそのような労力が必要なく、思い出すのではなく思い浮かぶ、という表現が用いられます。体を使っての記憶は、視覚や聴覚によって覚えるよりも効率が良く、実際、盲目の方でも実演を行うことで健常者と同等に記憶できることが示されています。

記憶低下への現実的な対応

本章では、高齢期の記憶機能の低下に対応するために現実的な方法を提示しました。重要なポイントをみておきましょう。

まず、高齢期の正常な範囲の記憶機能の低下が、日常生活の物忘れやし忘れを引き起こすとは言えません。そのため、記憶力を高められたとしても、物忘れやし忘れがなくなるわけではありません。

また、興味や関心は記憶成績を高め、反対に老いへの偏見、気分の落ち込みは記憶機能に悪影響を及ぼします。老いることを止めることはできません。しかし、偏見や気分はコントロール可能です。

さらに、覚えなければ忘れることもありません。覚えることを減らすという視点も必要です。記憶機能の低下に対応するには、選択（S）、最適化（O）、補償（C）がヒントになり、記憶補助ツールの使用により記憶機能の低下を補償できます。また、高齢者でも新しい機器を使用できることも確認しました。

第3章　訓練によって記憶の衰えは防げるのか

認知症となっても症状がみられないケース

脳に変異がみられ、明らかにアルツハイマー病であるにもかかわらず、日常生活では問題なく自立した生活を過ごせることを示した研究があります。六七八人の修道女を対象に一九八六年からはじまった「ナン・スタディ」と呼ばれる研究プロジェクトは、認知症の予防の可能性を示した研究として広く知られています。「ナン・スタディ」は、身体機能や認知機能の検査、修道院に保管された生活記録に加えて、献体された遺体の脳の解剖から、加齢やアルツハイマー病を解明しようとする研究プロジェクトです。

脳の解剖結果と、生前の記憶やその他の認知機能の関連性を調べると、脳の萎縮が顕著にみられアルツハイマー病である明らかな証拠があったにもかかわらず、生前にアルツハイマー病の症状がみられなかった修道女が複数人いました。また、認知機能の加齢による衰えの個人差は大きく、八〇歳を超えても記憶検査で五〇歳代の得点をとれる人がいます。認知症の症状の程度や加齢にともなう認知機能の低下に、個人差がみられるのはなぜでしょうか。

スターン博士は、加齢や認知症にともなう認知機能の低下の個人差を説明する概念として、「認知の予備力」を提唱しました。

「認知の予備力」とは、機能低下の個人差を説明する概念で、情報処理に必要な能力をどれだけ蓄えているか、低下した機能を適切な方略によって代償することが可能か、といった個々人が有する認知機能の質や量を意味します。

予備力が高いほど、加齢にともなう脳機能の低下に起因する認知機能の低下が小さく、前述の修道女のように、アルツハイマー病を罹患したとしても認知障害が発現しにくいと考えられています。これを裏づけるように、認知機能と教育歴との関連性を検討した疫学研究は、教育水準が低いと、加齢にともなう認知機能の低下が大きいことを報告しています。

また、脳疾患などにより脳に損傷を負っても、その損傷した脳神経が担う機能を別の脳神経で代償する「脳の可塑《かそ》性」と呼ばれるプロセスがあります。長い間、可塑性は成人期ではみられない、と考えられてきました。しかし、それまでの定説を覆して、二〇〇〇年代に脳イメージング装置を用いた研究では、情報を記憶する際に、若年者では活性化がみられない脳部位が活性化する高齢者がいること、そして、このような活動を示す高齢者の認知課題の成績が、若年者と同程度であったことを報告しています。

認知の予備力（柔軟性）は、人生をとおして得た豊富な認知活動によって多様な脳神経ネットワークを構築することが、加齢による認知機能の低下の予防につながることを示唆しています。また、脳の可塑性は、加齢による脳の萎縮などの脳解剖学的な変化が生じた後でも、その機能の改善が可能であることを示唆しています。このような背景があり、記憶機能の維持・向上を目的とした記憶を含む認知訓練が行われています。

では、訓練によって、低下した記憶の改善、記憶の維持、認知症の予防などは可能なのでしょうか？

この点は、多くの研究者が関心を持ち検討してきましたが、現在のところ、訓練による記憶機能の維持や改善については、研究者の中でも意見が割れています。私は二〇年間、高齢者の認知機能、特に記憶について研究を行ってきましたが、現段階ではドリルやタブレットゲームを用いた記憶を含む認知訓練には否定的な意見を持っています。訓練が効果的だという情報は、メディアでも取り上げられることが多く、他方で効果的ではないという結果は紹介されることが少ない現状があります。そのため、この章では、記憶を含む認知訓練の何が問題点として指摘されているかに触れます。

訓練の効果は限定的

インターネットで「脳トレ」と検索すると、さまざまな方法がヒットします。そして、そのような方法を載せたサイトの多くが、訓練の実施による記憶を含めた認知機能の向上を謳っています。

脳トレと呼ばれる認知訓練に批判的な研究者の多くは、そのような訓練を行うことで特定の機能が向上することを否定しているわけではありません。批判される主な原因の一つは、訓練した内容の課題の成績が上がった結果、日常生活の物忘れも改善するというように、訓練の効果が訓練対象以外の課題のパフォーマンスにも波及する「効果の転移」を主張している、あるいは暗に示しているためです。

訓練による記憶力の向上に関する研究は、特にめずらしいものではなく、古くから行われています。今から四〇年ほど前、『Science』誌に掲載されたエリクソン博士らの研究では、平均的な知能と記憶力を持つ学生に対して、一秒に一つのペースでランダムな数字を提示し、それを覚える訓練を行いました。一日一時間、週に三日から五日の訓練を二〇ヵ月つづけた結果、はじめは一度に七桁しか記憶できなかった数字が、二〇ヵ月後には八〇桁まで記憶できるようになりました。

その一方で、記憶する情報を訓練で用いた数字から文字列に変えてしまうと訓練効果がなくなってしまったのです。この結果は、訓練によって特定の情報に対する記憶成績が向上したとしても、その記憶成績の向上が他の情報の記憶には影響しない（転移しない）ことを明確に示しています。また、訓練によって獲得されたのは数字を覚えるための効果的な方法であって、短期記憶の記憶容量そのものは増えていなかったと結論づけています。

訓練の効果の特徴

訓練効果の転移には、水平方向と垂直方向の二つがあります。たとえば、英語の学習を考えてみましょう。語彙やルールを覚えることは、英語の文章を書く・聞く・話すうえで基礎となる情報です。そのため、英単語や英文法をしっかり学習することが、上位にある、書く・聞く・話すといった技能の向上につながると期待できます。これが垂直方向の訓練効果の転移です。

一方で、水平方向では訓練の効果が転移しにくいことが知られています。英語の学習では、書く練習をすることが、聞き取りや会話の上達につながるというのが、水平方向の転移です。日本で英語教育を受けた方は了解いただけると思いますが、英語で書かれた複雑な文章が読めるようになっても、ネイティブスピーカーが話す英語を聞き取れるようにはなりませんし、英会話ができるわけでもありません。

ダーリン博士らは、どのような場合に訓練効果の転移が生じるのかを検討するために、訓練と関連のある課題と関連のない課題を用いて、それらの成績と脳活動の変化を計測しました。実験の結果、訓練した課題と認知処理（脳活動）がオーバーラップした課題にのみ、訓練効果の転移が認められ、訓練した課題とは別の脳部位を使用するような課題では、訓練効果の転移がみられないことを示しました。

多くの脳トレは、低下した機能を向上させることが、日常生活の物忘れの軽減につながることを暗に示唆しています。そのため、脳トレに取り組んでいる高齢者の大半は、訓練によって日常生活の物忘れが軽減できると思っているのではないでしょうか。

イリノイ大学のシモンズ博士らは商業的な脳トレについて八〇ページにわたる詳細なレビューを行い、脳トレは訓練した課題の成績を改善するものの、訓練と関連する課題成績を改善するという証拠は少なく、訓練と関連しない課題の成績や日常生活での認知機能のパフォーマンスを改善するという根拠はほとんどないと結論づけています。

計算がどれほど速く正確にできるようになっても、人の名前を覚えられるようになるわけではありません。特定の情報に対する記憶力をどれだけ鍛えても、日常生活で物忘れやし忘れがなくなることは期待できません。特定の課題を訓練した結果得られた効果が、他の認知課題や日常生活機能の改善に結びつくには限界があり、脳トレの点数が数点あがることは、日常生活の物忘れが一つなくなることを意味しないのです。

脳が活性化する課題は、脳が〝より〟活性化する課題とは言えない

私は脳イメージング研究が専門ではありませんが、記憶のメカニズムを研究するために、脳イメージング装置を用いていくつか研究を実施してきました。脳イメージング装置は、特定の認知課題に関与する脳部位を明らかにしたり、脳活動の時間的推移から脳の中でどのような認知処理がどの順番で行われているのかといった情報処理のメカニズムを解明するうえで、これまで多くの重要な知見をもたらしてきました。

一方で、脳の特定の部位が賦活することを根拠にした認知訓練には疑問を感じています。理由の一つは、脳活動は限定された環境でしか計測できないからです。脳を活性化する課題があったとしても、それが日常生活での私たちが行うさまざまな課題よりも、脳を活性化するために優れた課題とは言えません。

fMRIやPETといった脳イメージング装置は、測定の精度が高いほど計測中は頭や体を動かしてはいけないなど測定環境が制限されます。中には体を動かしても測定できるものもありますが、会話しながら、手を動かしながら計測できる脳活動のデータには多くのノイズが含まれ、特定の脳部位の活動を抽出することは困難です。

日常生活での私たちの脳活動を正確には計測できないため、訓練で脳を活性化させると言われる課題が、日常生活で私たちが行っている仕事や家事、育児、友人や孫との関わりよりも脳を活性化するとは言えません。たとえば、誰かと会話している時、私たちはその相手に応じて話す内容を考え、相手の反応をうかがい、感情をコントロールすることや相手の感情を読み取ることが求められます。日常生活の会話では、前頭前野（経験した過去の出来事の検索、発話、文法、思考の統合、感情の制御、相手の感情の予測）、運動野や頭頂葉（口の動きやジェスチャーの制御）、知識の想起（側頭葉）などさまざまな脳部位が活動すると考えられます。そのため友達との外出の約束を、認知訓練があるからといってキャンセルするのは本末転倒である可能性も否定はできません。

また、加齢にともない低下する特定の脳部位をより活動させることが、必ずしも認知機能のパフォーマンスを高める良い方法であるとは言えません。何かを覚えたい時、言葉だけで記憶しようとすると言語的な処理に関連した前頭前野の活動が増加します。前頭前野は加齢の影響を受けやすい部位のため、そのような部位を活性化させることが良いのであれば、言語だけで記憶する方法は記憶に良いということになります。

しかし、第2章の「習うより慣れろ」で紹介した、記憶を大きく促進する実演効果が高齢者やアルツハイマー病の患者でもみられるのは、加齢や認知症によって低下した前頭前野の機能に依存しないからこそです。覚えたい内容を実演しながら覚えることで、加齢の影響を受けにくい運動野や頭頂葉が活動し、前頭前野が担う言語的な処理を補うことができます。その結果、七〇歳の高齢者でも三五歳の人が言葉だけで（前頭前野に依存した処理で）覚えるのと同程度の記憶成績を取れたのです。

同じ課題を行い続けると脳の活動の仕方が変わる

初めはびっくりするような音でも、慣れるとそれほど気にならなくなるということがあります。動物は生きていくために危険を回避しなければなりません。危険を回避するために脳は未知の刺激や強い刺激に敏感に反応します。

しかし、同じ刺激が複数回提示されるとその刺激に慣れ、脳の反応はどんどん小さくなります。私は大学院生の頃、産業技術総合研究所で脳生理指標の計測手法を学ぶために、においの評価に関する研究に携わりました。嗅覚や味覚は視覚や聴覚と比較すると主観的で、感じ方に個人差も大きいため、人の五感のなかでも特に情報処理の仕組みが解明されていませんでした。

この研究では柑橘系の良い香りや生ゴミのような強烈なにおいを参加者に嗅いでもらい、脳波やMEG（脳磁図）による脳機能の計測を行いました。においを初めて嗅いだ時、脳は敏感に反応するのですが、それが繰り返されると脳も慣れてきて反応も弱くなりました。特定の課題でみられる脳活動を、その課題を繰り返すことで維持するのはとても難しいのです。

また、このような反応の減衰だけでなく、ある課題を何度も反復して訓練すると、最小限の労力でその情報に反応できるように情報処理の仕組みが変わります。第1章で解説した脳の中に蓄えられた情報のアクセスを容易にするプライミングにみられるように、同じ刺激に対して労力少なく処理することは理にかなっています。

特定の認知課題を繰り返し訓練することと、脳を活性化させることは矛盾します。脳を活性化させようとすると、新しい刺激や難しい課題が必要となり、特定の課題の認知機能のパフォーマンスを高める反復訓練を行うと、情報処理の効率化により脳の活動量は低下します。

訓練の内容によっては認知症の発見を遅らせる

数学の実力テストを受けるところを想像してください。学力的には差がない二つのクラスがあります。一組では、テストとまったく同じ問題ではありませんが、テストと同じ解き方で解答できる問題を教師が繰り返し練習させました。もう一方の二組は、そのようなテストのための勉強をまったくせず、普段と同じ授業を行い、実力テストを受けました。

この場合、繰り返し勉強した一組の成績が良くなるのは当たり前ですが、この成績を元に、成績の良かった一組の学生は二組よりも数学の実力がある（能力が高い）と言えるのでしょうか。二つのクラスはもともと学力的には差がなかったので、一組が繰り返し練習しなかった別の問題が出されていたら、二つのクラスの成績に差はなかったのではないでしょうか。

記憶のメカニズムを明らかにしようとする心理学や認知神経科学の実験では、実施する記憶課題に細心の注意を払います。というのも、課題の内容や使用する材料を参加者がどれくらい知っているのか（親密さ）が成績に影響するからです。エピソード記憶の実験では、たとえば、「ヘレボラス、ムクゲ、ルピナス、ゼラニウム……」というようにいくつかの単語を提示し、少しの時間をおいて「さきほど提示された単語を思い出してください」と参加者にお願いします。

「ヘレボラス、ムクゲ、ルピナス、ゼラニウム……」は花の名前です。花に詳しい人はこれらの単語に馴染みがあり記憶しやすいかもしれませんが、初めて聞いた人にとっては覚えるのが非常に難しい課題です。そのため、このような単語はエピソード記憶の実験では使用できません。多くの人が同じように知っている単語か、あるいは、まったく知らない単語を用いる必要があります。

病院などでよく使用される認知症のスクリーニング検査には、認知症や加齢にともない顕著に低下するワーキングメモリを測定するために暗算が含まれています。ワーキングメモリを測定することができる課題はたくさんありますが、認知症スクリーニング検査で引き算など暗算が使用されるのは、多くの人ができ、難易度に個人差もそれほどないと考えられるためです。

しかしながら、脳トレの一環として計算の訓練をすると、正答率も解くスピードも向上します。この場合、計算課題によって測定されるワーキングメモリの得点は向上しますが、それはワーキングメモリの機能全体が向上したことを意味しません。加えて、認知症のスクリーニング検査と似たような課題を訓練したことで、点数を取れてしまい、本当は機能が低下しているのに検査にひっかからないという問題が生じる可能性があります。

また、それを逆手にとって、スクリーニングテストと酷似した課題を訓練し、訓練の結果、認知症スクリーニング検査の点数が上がったことから認知症を予防できる、と主張することにも慎重であるべきです。

認知訓練と認知症予防

高齢者を対象とした記憶訓練に関する研究の歴史は長く、これまでに多くの研究が行われてきました。初期の研究は、小規模の参加者を対象として行われることが多かったものの、二〇〇〇年代から大規模な介入研究が実施され、これまで得られたデータを統合し分析することで、訓練効果について、より客観的な検証をすることも可能になりつつあります。

大規模な介入研究としては、多施設ランダム化比較試験によって、初めて厳密な効果検証を行ったＡＣＴＩＶＥ（Advanced Cognitive Training for Independent and Vital Elderly）がよく知られています。

ＡＣＴＩＶＥでは、アメリカの六都市に住む高齢者二八三二人（平均年齢七三・六歳）に対して、エピソード記憶、帰納的推論、視覚的処理速度の三つの訓練のいずれかを実施し、その訓練の効果を一〇年にわたり検証しました。

六〇〜七五分のセッションを五〜六週間かけて一〇セッション実施した結果、訓練した機能と関連した特定の課題において訓練効果が認められ、この効果は訓練から二年後、五年後も維持されていました。一〇年後には、記憶訓練を受けたグループの訓練効果はなくなりましたが、処理速度や推論の訓練の効果は維持されていました。

また、推論の訓練を受けた対象者においてのみ、訓練から五年が経過しても自立した日常生活に関わる動作の改善が認められました。これら一連の研究は、訓練を行った認知機能が向上し、訓練効果は長期間維持されることを示しています。

一方で、このような学術的に統制された条件で行った訓練であっても、訓練の効果は他の認知機能に転移しませんでした。たとえば、ACTIVEでは、処理速度の訓練を受けると、視覚的な情報処理の速度は向上しましたが、記憶や推論の成績は向上しませんでした。

現在のところ、厳密なプロトコルで効果検証を行った学術研究でも、短期間の訓練効果を検証したものがほとんどで、長期的な訓練効果や認知症の予防効果は実証されているとは言えません。また、商業的な脳トレはプラセボ効果に対する説明がなく、特定の対象による結果を健康な高齢者に一般化しており、血流の増加が脳のエイジングを軽減するという信念を主張している点で批判されています。

脳トレを行うこと自体には害がほとんどないように主張する人もいますが、効果が実証されていない訓練によって、脳トレよりも効果が報告されている社会的な活動や身体運動に費やす時間が減少しているという弊害も指摘されています。そのため、アンチエイジングや認知症予防を謳った商業的な脳トレについては、欧米の研究者らが共同で学術的な視点から懸念を示す声明を出しています。

また、特定の認知課題を繰り返す訓練ではなく、知的なライフスタイルが高齢期の記憶機能の低下を予防するかどうかは、知的な活動以外にも考慮する要因が多く、現段階で結論は出ていません。本や雑誌の読書量、趣味の数や、博物館・コンサートに行く頻度などを知的な活動として定義し、スクーラー博士らが行った六三五名を対象とした、二〇年の縦断的研究は、教育歴や収入、職業といった社会経済的状況と同程度に、知的な趣味活動が認知機能の維持に影響していることを報告しています。

一方で、この研究では、認知機能が知的な趣味活動を予測するという反対の因果関係も確認されており、他の縦断的研究でも同様の結果が報告されています。

直感的には、頭を働かせる知的なライフスタイルが認知症の予防には効果的なように感じます。しかし、もしそうだとしても知的なライフスタイルが認知機能に直接影響するのか、それとも知的な活動が認知機能に悪影響を及ぼす抑うつやストレスを軽減する、あるいは、認知機能に良い影響を及ぼす人とのつながりを促進することによって間接的に影響するのかは、まだわかっていません。

なぜ根拠の乏しい脳トレが受け入れられるのか

私たちは、普段自分の脳がどのように活動しているかを知る機会がほとんどありません。特定の訓練を実施中の脳活動と別の課題を実施中の脳活動の違いを写真やイラストでみせられ、脳イメージング計測によって訓練の効果が示されていると言われれば、専門家でもない限り、何か脳に良いのではないか、認知症予防になるのではないかと直感的に判断してしまうのは仕方のないことです。

ウェイスバーグ博士らは心理現象に神経科学的な説明を加えることで、説明に対する評価がどのように変化するのか、一般の人を対象に調べました。彼らの研究では、要領を得た良い説明・よくわからない悪い説明、神経科学の情報あり・神経科学の情報なしの二つの要因を設定し、これらの組み合わせから次の四つの条件を設定しました。

【条件1】 良い説明・神経科学の情報なし：研究者は、「知識の呪縛（自分の知っていることを他者も知っていると思ってしまうこと）」は他者が知っているかもしれないことを考えるための視点の転換が難しく、誤って自分自身の知識を他者に投影してしまうために生じる、と主張しています。

【条件2】 良い説明・神経科学の情報あり：脳スキャンの結果は「知識の呪縛」が自己知識と関連する前頭葉の回路によって生じることを示しています。他者が知っているかもしれないことを考えるための視点の転換は難しく、誤って自分自身の知識を他者に投影してしまうために生じるのです。

【条件3】 悪い説明・神経科学の情報なし：研究者は、「知識の呪縛」が他者の知識を判断しなければならない時に誤りを起こしやすいため生じる、と主張しています。人は自分自身が知っていることを判断するほうが得意なのです。

【条件4】 悪い説明・神経科学の情報あり：脳スキャンの結果は「知識の呪縛」が自己知識と関連する前頭葉の回路によって生じることを示しています。他者の知識を判断しなければならない時に誤りを起こしやすいため生じるのです。人は自分自身が知っていることを判断するほうが得意なのです。

図3－1はこの説明に対する満足度を示しています。ここで付け加えられた神経科学の情報は説明の論理を変えるものではありません。しかし、悪い説明の時でも神経科学の情報があることで、説明に対する満足度が高まっています。また、他の研究では実験結果の提示の際に、脳のイラストが提示されるだけで、それをみた人は、その論文の科学的根拠が高いと判断する、という結果もあります。

これらの研究は、実験の結果があいまいなものであっても、神経科学の情報が記載さ

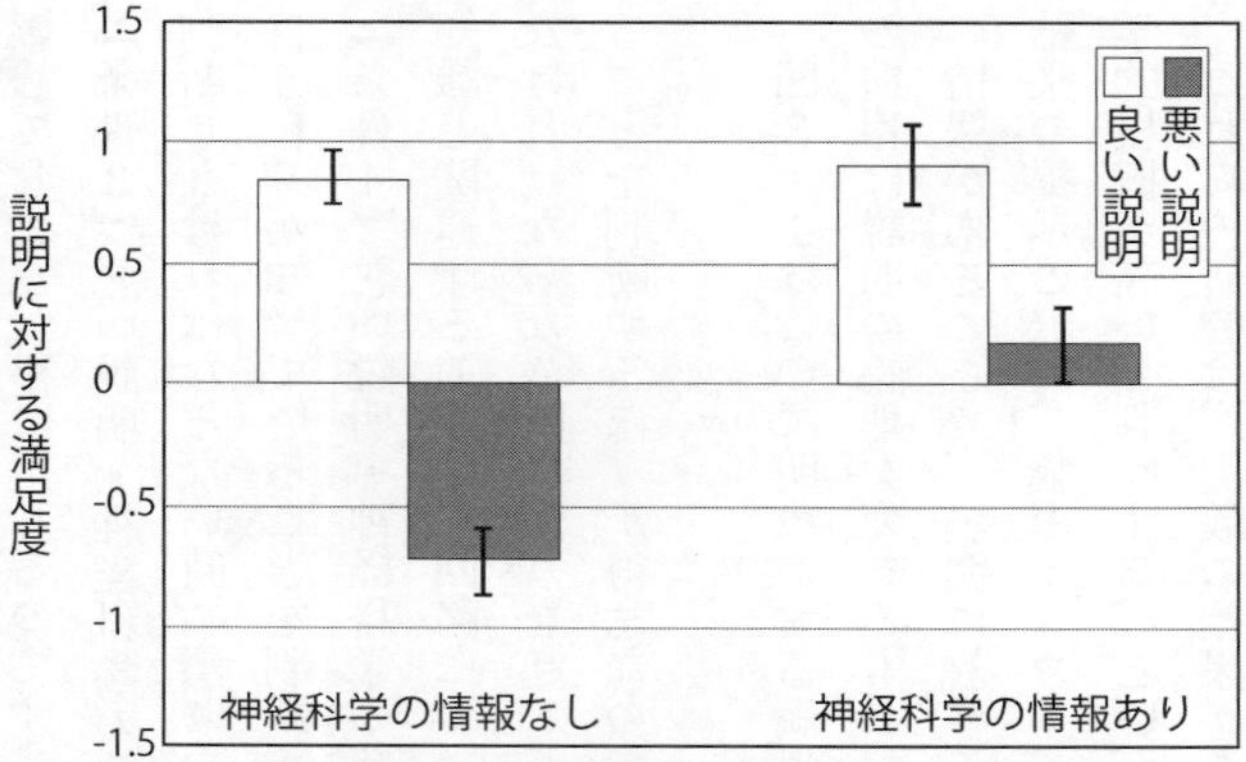

図３－１　神経科学の情報を加えることによる説明に対する満足度の変化（Weisberg et al., 2008 をもとに作成）

れ、そして脳のイラストが付されるだけで読み手はその情報に説得力があると判断してしまうことを示しています。脳の活動は外からうかがい知ることができないため、それが視覚的に提示されると私たちはその情報を過大に信頼してしまう傾向があるのです。

訓練や脳トレゲームのメリット

認知機能の向上や、認知症予防における認知訓練の効果については、批判的な意見を持つ研究者は多くいます。しかしながら、訓練やゲームのすべてを否定しているわけでもありません。訓練やゲームによって得られるメリットもあります。

二〇一六年に、スマートフォンで遊べるゲーム「Pokémon GO（ポケモンGO）」が世界的に大ヒットしました。若い人だけでなく、高齢者を含むさまざまな世代がプレイしたこともニュースになりました。

このゲームは、画面に現実の地図と自分のいる位置が表示され、地図に表示されたモンスターを捕まえる、というシンプルなものです。私もリリースされてすぐに遊びましたが、スマートフォンの画面を介した現実世界に仮想のモンスターが現れるのを見た時は驚きました。

そして、もう一つ大きな特徴があります。それは一ヵ所にとどまっていてはプレイできない、ということです。モンスターを見つけるには外に行く必要があり、卵を孵化させるために決められた距離を歩いて、あるいは、走って移動することが求められ、モンスターを捕まえるアイテムを得るために特定の場所に行く必要もあります。

当時ニュースにもなりましたが、珍しいモンスターが現れる場所には多くの人が大挙して押し寄せ、外出を好まないような人までも外に引っ張り出したのです。体を動かすゲームはこれまでにもありましたが、その多くは家の中で行うものでした。ゲームをする＝一ヵ所にとどまる、という概念をポケモンGOは見事に崩したのです。

このようなポケモンGOの特徴に目を向けたスタンフォード大学のアルソフ博士らは、プレイヤーの歩数がどのように変化したのかを検討しました。彼らはポケモンGOのプレイヤー七六二名とプレイしていない二万六三三四名の歩数を比較しました。その結果、プレイヤーの歩数はプレイヤーではない人よりも一日一四七三歩多く、身体活動量がプレイ前と比較して二五％増加し、この増加は年齢に関係なくみられました。

また、ポケモンGOはリリースから一ヵ月でアメリカだけで二五〇〇万人がプレイし、一四四〇億歩を生み出し、一日の平均歩数が一〇〇〇歩増えると四一・一日寿命が延びる推計をもとに、アメリカのプレイヤーに約二八〇〇万年の寿命をもたらしたと試算しました。この研究はポケモンGOがリリースされた直後の短期的な効果しか検討していないので、現在もプレイヤーの歩数が増加したまま維持されているかはわかりません。しかし、ゲームには楽しみながら人の行動を変化させ、健康行動を促す力があることを明確に示しました。

そして、高齢者の中には「自分は年をとっているからできない」といった誤った信念を持っている人が、少なからずいます。記憶訓練や脳トレは、上達したことがスコアから直感的にわかるため、「この年でも練習すれば上達する」「別のことも練習したらできるのでは」というように自信を高め、ポジティブな自己感の形成につながります。また、上達を実感することで、あらたなことにチャレンジしようとする意欲が高まることは期待できます。

週末に子どもを連れて近くの公園に遊びに行くと、年配の男性が楽しそうに集まって雀卓を囲んで麻雀をしたり、将棋を指したりしている光景を目にします。麻雀など複数人で行うゲームは、相手とのコミュニケーションを促進し、楽しみながら人とのつながりを形成することができます。また、ゲームに興じ楽しんでいる姿を公園に来ている他の世代がみる機会があるのは、とても良いことだと思います。今は若い人も必ず年をとるのですから、高齢者が楽しんでいる姿をみることができるのは、下の世代の老いに対する良いイメージを促し、将来への希望にもつながるのではないでしょうか。

第4章　認知症予防および低下した認知機能の改善に向けて

なぜ認知症予防は注目されているのか？

現在、人口の高齢化は日本だけでなく、先進各国で進んでいます。高齢化の国際動向をみると、世界人口の高齢化率は、二〇一〇年で七・六％ですが、二〇六〇年には一八・三％にまで上昇すると見込まれ、今後、半世紀で世界的に高齢化が進展します。

その中でも日本の高齢化のスピードは、群を抜いています。一九八〇年代までは高齢化率が先進国の中でも下位だったのが、二〇〇五年には最も高い水準となり、二〇一七年には高齢化率が二七・七％、四人に一人が六五歳以上の高齢者となりました。七五歳以上の人口が一六九一万人という世界のどの国も経験したことのない超高齢社会を迎えています（高齢社会白書、平成三〇年版）。

寿命もこの一〇〇年で驚異的に延びました。一九二〇年頃の日本人の平均寿命は男性が四二・一歳、女性が四三・二歳でした。それが現代では男性が八〇・九八歳、女性が八七・一四歳と約二倍も延びています。

多くの人が老いるまで生きることが前提となると、病気になることなく、自立して何歳まで生活できるのかが重要になってきます。これが健康寿命です。超高齢社会の日本で現在、健康寿命を延ばすために多くの研究、取り組みが行われています。そして認知

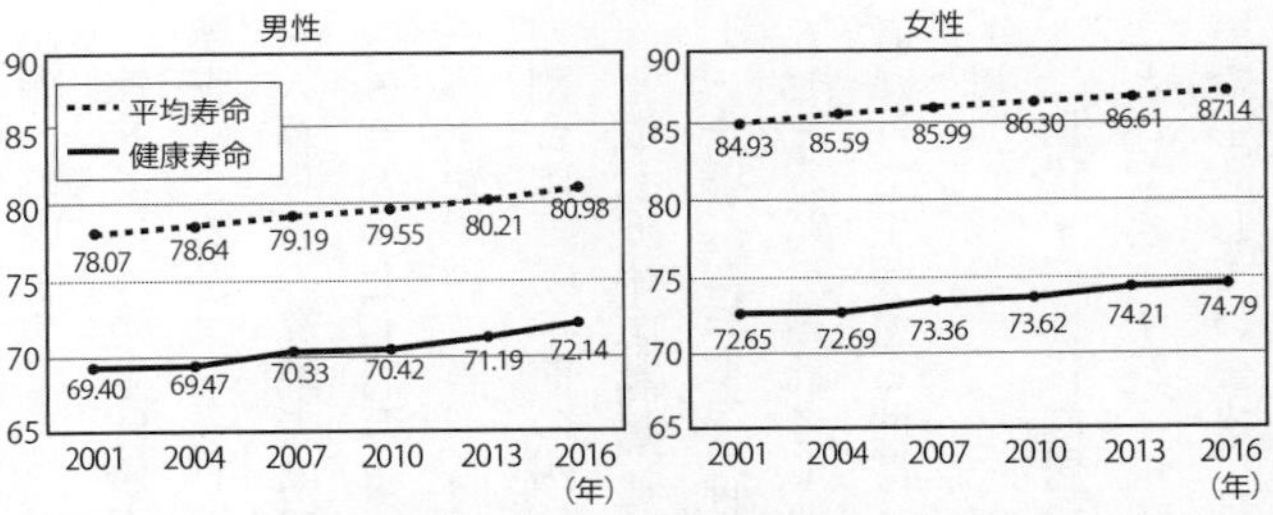

図4－1　**平均寿命と健康寿命の差**（『平成30年版高齢社会白書』をもとに作成）

症が重視される背景には、高齢者を取り巻く、個人、家族、社会の環境があります。

個人レベルでは、平均寿命が延びたことが挙げられます。二〇一七年の段階で、日本人女性の平均寿命は世界二位、男性は世界三位で、日本は世界で最も長寿の国の一つです。二〇一八年現在の世界長寿記録はフランス人女性ジャンヌ・カルマンが記録した一二二歳（一八七五～一九九七）ですが、それ以降、医療技術や衛生面での向上があっても、まだ記録が破られていないことから、人の寿命の限界は一二五歳くらいだと言われています。

一方で長寿は、必ずしも健康な期間が延びたことを意味しません。平均寿命と健康寿命の差は、男性で九年、女性で一二年です（図4－1）。そのため、できるだけ平均寿命に健康寿命を近づけ、最後まで自立し、家族や周囲に迷惑をかけずに余生を過ごしたいと多くの高齢者が願っています。

家族レベルでも健康寿命を延ばすことが求められています。平成二九年国民生活基礎調査によると二〇一七年の六五歳以上の高齢者がいる二三七八万七〇〇〇世帯のうち、一人暮らしの高齢者は二六・四％の六二七万四〇〇〇世帯、高齢者夫婦のみの世帯は三二・五％の七七三万一〇〇〇世帯となっています。一人暮らしの高齢者の割合は、この三〇年間で約二倍、高齢者夫婦のみの世帯の割合は一・八倍に増加し、三世代同居世帯の割合は三〇年前の四分の一にまで減少しています。

平成二九年版高齢社会白書によると、日本の総世帯数は五〇三六万世帯であり、四七・一％（二三七二万世帯）は六五歳以上の高齢者がいる世帯です。さらに、このうち五七・八％が高齢者単独あるいは高齢者夫婦のみの世帯となっています。つまり、高齢者だけで生活する世帯は現在一三七一万世帯にのぼり、全世帯の四分の一以上を占めています。

二世代・三世代同居では、体調が急変したり、病気になった時も家族に助けを求めることができますが、現在は多くの高齢者が家族からの物理的なサポートを得られない環境で生活しています。このような環境では、家族も親や祖父母が重い病気にかからず、できるだけ健康で自立した生活を維持することを望むようになります。

社会レベルでは医療、年金といった社会保障費の急激な増加による財政の逼迫が挙げられます。

平成二七年度国民医療費の概況によると六五歳未満の国民一人当たりの医療費は男性で一八万六四〇〇円、女性で一八万三三〇〇円ですが、六五歳以上では、男性で七九万二四〇〇円、女性で七〇万三四〇〇円となります。高齢者人口は増加しているため、年々医療費に使用される国の予算も増加しています。二〇一七年度の年金・医療・福祉といった社会保障費は三二・五兆円で、この二〇年の間に倍増しています。

また、三二・五兆円という額は、国の歳出から国債費と地方交付税交付金等を引いた一般歳出の五六％を占めています。若い世代と比べると高齢者の医療費が高くなるのは当たり前ですが、高齢者人口は今後も増加するため、社会保障費をどのように捻出するのかは大きな課題です。

このような背景から、現在の日本では、高齢者自身だけでなく、家族や社会も、健康的で自立した老後の生活を望まざるを得ない状況にあります。特に認知症は、「なりたくない病気」と高齢者の多くが思っています。記憶について研究をしていると、認知症にならないための方法について、よく質問されます。記憶機能の低下の予防や認知症予防は近年、さまざまな角度から研究されていますので、紹介していきましょう。

認知症について

認知症と一言で言っても、実際にはアルツハイマー病、脳血管性認知症、レビー小体型認知症、前頭側頭型認知症（ピック病）など、その原因によっていくつかの種類に分類されます。

認知症の中でもアルツハイマー病がもっとも多く見られ、認知症の六〇〜七〇％を占め、脳血管性認知症とレビー小体型認知症がそれぞれ一〇〜二〇％、前頭側頭型認知症を含むその他の脳疾患が一〇％と推計されています。また、それぞれの認知症で損なわれる脳部位が異なるため、出現する症状も違います。

その種類について、簡単に説明しておきます。

アルツハイマー病：脳全般に脳細胞の老廃物であるアミロイドβタンパクとタウタンパクが蓄積することによって生じると考えられています。アミロイドβタンパクは神経細胞が放出する老廃物で若い時は代謝分解されますが、四〇歳代後半になると徐々に分解が追いつかなくなり、蓄積・凝集され老人斑と呼ばれる黒いシミのような沈着を形成します。そして、アミロイドβが蓄積し始めて一〇年ほど経つと、タウタンパクの蓄積が見られるようになります。アミロイドβは神経細胞の周りに蓄積されますが、タウタンパクの蓄積は神経細胞内で起こり、神経原繊維変化を生じさせます。アミロイドβが蓄積される段階ではまだ認知機能の低下は認められませんが、タウタンパクが蓄積し始めると徐々に認知機能の低下がみられるようになります。

このような脳変異は、記憶の定着に重要な海馬を含む側頭葉内側部で生じるため、初期の段階から記憶障害を引き起こします。記憶障害は、記憶能力全般が低下するのではなく、過去の出来事の記憶であるエピソード記憶が顕著に低下します。脳変異は進行するに従って、側頭―頭頂葉、後頭葉、前頭葉に広がり、側頭―頭頂葉の変異によって言葉の障害である失語症や動作の障害である失行症、後頭葉の変異によって視覚認知の障害である視空間認知障害などの症状がみられるようになります。また、前頭葉の変異は病気であることを自覚する病識の低下や、自ら進んで何か行動を起こす自発性の低下（無気力）を引き起こします。

脳血管性認知症：脳の血管が詰まる血管障害（脳梗塞）に関連して現れる認知症のことを言います。一般的には初期から記憶力の低下がみられますが、血管障害は脳のさまざまな部位で生じるため、部位によって出現する認知機能の障害も異なります。また、アルツハイマー病とは異なり、判断力や理解力、人格は比較的保たれ（まだら認知症）、進行しても自身が認知症という認識（病識）が保たれることが多いのも特徴です。

レビー小体型認知症：大脳皮質にαシヌクレインと呼ばれるタンパク質から構成されるレビー小体が出現し、神経細胞の変異・脱落が起こる病気で、注意や視覚的な認知機能の障害が現れます。記憶障害がみられることもありますが、意識が清明な状態でも実在しないものがみえる幻視が初期の段階から現れ、体がこわばったり、動作が緩慢になったりするパーキンソン症状がみられます。

前頭側頭型認知症：前頭側頭型認知症は、前頭葉を含む脳の前部に顕著な萎縮を示すタイプの認知症です。前頭葉の機能が低下するため、症状の特徴として病識が乏しく、本能のおもむくまま「我が道を行く」行動（脱抑制）や、衝動的になり暴力行為がみられることもあります。

また、初期段階では、いつも同じものを食べる、何を尋ねても同じことを言う、といった常同《じょうどう》行動（特に意味のない反復的な動きを繰り返すこと）が目立ち、進行すると自分からは何もしようとしない自発性の低下が生じます。記憶障害も出現しますが、アルツハイマー病とは異なり、エピソード記憶は保持される一方で、意味記憶の障害が顕著です。

たとえば、「利き手はどちらですか？」と尋ねると「利き手って何ですか？」と問い返したり、何かを指示されても、言葉の意味がわからず行動が起こせない場合があります。万引きや放火など、それまでのパーソナリティでは考えられないような行動をとってしまう高齢者の中には、このタイプの認知症に罹患している場合があります。

発症までの経過と予防

一般的に認知症という言葉は、アルツハイマー病を指して使用されるため、これ以降は認知症をアルツハイマー病と同義で使用します。図4－2はアルツハイマー病の発症

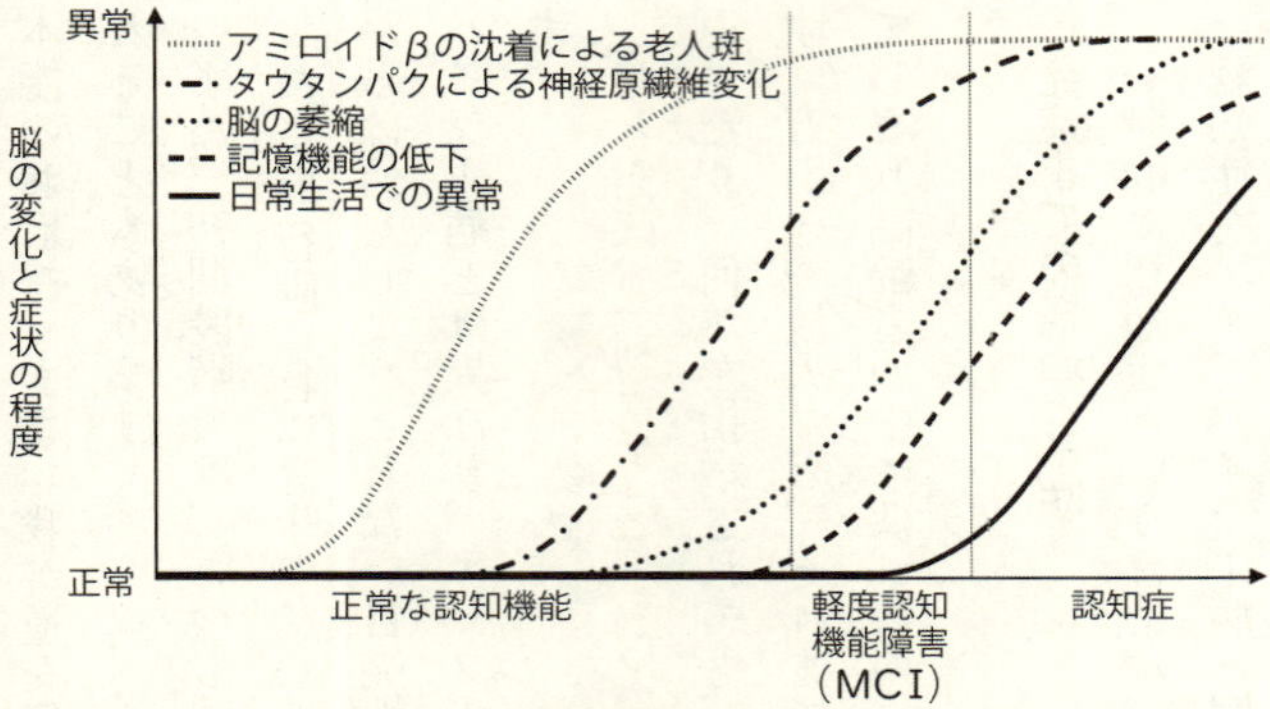

図４－２　アルツハイマー病の発症プロセス（Jack et al., 2010をもとに作成）

までの経過を示したものです。

アルツハイマー病の原因となるアミロイドβタンパクは発症する二〇年前から蓄積し始め、発症一〇年前からタウタンパクが蓄積し、徐々に認知機能の低下が生じます。アルツハイマー病の進行を遅らせる薬はいくつか使用されていますが、現在のところ症状を治す薬はありません。

進行を遅らせる薬は、認知症の初期段階であるほど治療効果が高いと言われ、MCI（Mild Cognitive Impairment）と呼ばれる認知症の早期段階での対処が重視されています。MCIとは、健常高齢者と認知症患者の中間の状態を指し、年齢や教育歴の水準から期待されるよりも大きな認知機能の低下、特に記憶機能の低下を示すものの、日常生活では目立った支障がみられない状態を指します。

また、認知症の進行によって破壊された脳細胞を元に戻すような薬の開発は困難を極めています。図４－２に示したように認知症は長い年月をかけ発症し、認知機能の低下がはじまるＭＣＩの段階では、すでにアミロイドβタンパクが相当蓄積しています。そのため認知機能の低下がまだみられず認知症の症状はないけれど、アミロイドβタンパクが蓄積し始め、将来、認知症のリスクが高い人を発見し、薬で治療する、つまり、認知機能の低下といった症状が現れるＭＣＩよりも前の段階（Preclinical Dementia）で薬を使用する必要があると考えられています。

ピーターセン博士らによれば、ＭＣＩと判定された高齢者がアルツハイマー病になる率は一年ごとに約一二％増加し、四年後にはそのうち約五〇％が、六年後には約八〇％であったと報告しています。

ＭＣＩはもともと記憶機能の低下に着目したものでしたが、上述したようにすべての認知症に記憶能力の低下がみられるわけではありません。そのためＭＣＩを以下の四つのパターンに分ける場合もあります。

①記憶能力の低下を主体とする健忘型ＭＣＩ
②記憶能力を含む複数の認知機能の低下を示すＭＣＩ
③記憶能力以外の注意や遂行機能といった単一の認知機能の低下を示すＭＣＩ
④記憶能力以外の複数の認知機能の低下を示すＭＣＩ

たとえば、①はアルツハイマー病に、②はアルツハイマー病や脳血管性認知症に、③は脳血管性認知症やレビー小体型認知症、④は前頭側頭型認知症やレビー小体型認知症に進行する可能性が高いと言われています。

しかしながら、症状が現れる前に認知症になることを予測するのは難しいのが現状です。ＭＣＩから認知症へ移行する割合についても研究の間でばらつきがあります。

ミッチェル博士らが四一のコホート研究を再分析した結果、ＭＣＩが認知症に移行する率は年五〜一〇％でした。また、別の研究では、二〜五年後のＭＣＩから正常に回復する率は三〇〜五〇％であったことも報告されています。そのため、ＭＣＩが認知症に移行するよりもＭＣＩから回復、あるいはＭＣＩのまま安定している割合が高いという指摘もあります。

このようにMCIの段階から正常に移行する人が一定数いることから、MCIやさらにその前の段階で診断名がつき、治療の対象となることにはさまざまな意見があります。認知症は〝治療の対象である病気〟であると同時に、〝治らない病気〟であるため、MCIの診断は患者やその家族を救うものではなく、不安を増大させるだけのものになる可能性があるため、MCIと診断された患者や家族に対する心のケアの重要性も指摘されています。

健康的な生活習慣が予防につながる

アルツハイマー病の発症にはさまざまな要因が関連していると考えられていますが、その中で特に発症に影響するのは年齢と遺伝です。アルツハイマー病の罹患率は、六五歳以上になると年齢とともに急激に増加し、八五歳を超えると女性であれば約五〇%が認知症になるという推計もあります。

また、遺伝子については APOE-ε4 と呼ばれる特定の遺伝子を多く持つ人のアミロイドβの蓄積する時期が APOE-ε4 を持っていない人よりも早く、アルツハイマー病に罹患しやすいと言われています。APOE-ε4 は発症に関与する重要な遺伝子と考えられていますが、この遺伝子を有していても認知症を発症しない場合も多く、認知症の発症には生活習慣やストレスなど、さまざまな要因が関連していると考えられています。

たとえばキビペルト博士らは、中高年の対象者一四〇九名を追跡調査し、二〇年後の認知症の発症率と、年齢、教育歴、性別、血圧、肥満度指数（BMI）、コレステロール値、身体活動、APOE-ε4の有無との関連を検討しました。

その結果、これらの要因はすべて認知症の発症のリスクに関わっていただけでなく、これらの要因を得点化し加算すると、スコアが最も低い群と比較してスコアが最も高い群では、認知症の発症率が約一六％高いという結果を報告しています。

その他にも、運動不足、喫煙、偏食（コレステロール、脂肪の高摂取など）といった不健康な生活習慣とその結果起こる、高血圧、肥満、心疾患、糖尿病といった生活習慣病は、すべて認知症の危険因子であることが指摘されています。

一方、認知症を予防する生活習慣としては、豊富な社会的交流、適度な運動、魚の摂取、ビタミンEや、ビタミンCの摂取などが挙げられています。

適度な運動

病気でうまく体が動かせなくなり、寝たきりの状態になってから、一気に認知症が進むことがあります。現在、認知機能の低下の予防と改善において、その効果が一貫して研究で支持されているのが体を動かすこと、運動です。これまでに、ウォーキングやサイクリングといった適度な有酸素運動が認知症予防や認知機能の低下の改善に効果的であることが報告されています。

コルコム博士らは、複数の研究データを統合して再度分析を行った結果、運動トレーニングによって実行機能、処理速度、制御機能、空間処理機能が向上することを報告しました。特にこの結果で興味深いのは、認知的な負荷が高い複雑な課題のほうが、認知的な負荷が低い課題よりも運動による成績の向上が顕著にみられたことです。

運動トレーニング前後で脳の活動量を比較した研究は、前頭葉や頭頂葉の活動が運動トレーニング後に活発になることを報告しています。また、脳の活動量が増加するだけでなく、運動トレーニングによって、加齢とともに萎縮する前頭葉や頭頂葉の灰白質の体積が増加することも報告されています。

加えて、運動は脳由来神経栄養因子と呼ばれる神経細胞の成長や維持に不可欠なタンパク質の分泌を促進します。脳由来神経栄養因子は、海馬や大脳皮質で特に分泌されることから、記憶や他の認知機能へ良い影響があると考えられています。

反対に一日中じっと座ってテレビを見たり横になることは認知症のリスクを高めます。運動は筋力の増加、転倒予防や寝たきり予防、引きこもり予防、そして落ち込んだ気分を改善するにも効果的です。運動をすれば必ず認知症が予防できるわけではありませんが、認知症に限らず、さまざまな病気のリスクの軽減に運動は効果があると考えられています。

孤立は認知症のリスク

人と人とのつながりである社会的ネットワークも、認知症や認知機能の低下を防ぐ要因として注目されています。

ワン博士らは、社会的活動あるいは余暇活動が認知症のリスクを軽減するかどうか検討するために、七七六名を約六年間追跡した縦断データの分析を行いました。この研究では、コンサートや展覧会への参加、旅行、ゲーム、福祉事業への参加といった人との交流が生じる活動を社会活動と定義し、ジムでの運動、ウォーキング、水泳といった身体活動と同様にこれらの社会的活動あるいは余暇活動が認知症のリスクを軽減していたと報告しています。

一七の縦断的研究のメタ分析は、社会参加が少ない人、孤独感が強い人ほど認知症を発症するリスクが高まることを明らかにしています。そして乏しい社会的ネットワークは、低学歴、不十分な身体的活動、うつ病、喫煙、高血圧、糖尿病といった他の認知症のリスク要因と同程度に認知症の発症に影響していました。

豊かな社会的ネットワークが認知症のリスクを軽減する理由は、いくつか考えられます。一つは、認知の予備力の向上です。前章で触れた認知の予備力の概念を提唱したスターン博士は、社会的な交流が脳の活動を促し、脳のネットワークをより効率的に使用できるようになると述べています。人とのコミュニケーションから私たちはさまざまな刺激を受け取っています。会話中には、相手の気持ちを推し量ることや、会話の次の展開を考えたり、また、言葉以外のジェスチャーや表情にも意識を向けたりする必要があり、脳を常に働かせねばなりません。良い人間関係の保持は、時にはとても大変なことです。しかし、刺激が豊富だからこそ、認知の予備力の向上に有効だと考えることもできます。

また、社会的ネットワークが認知症のリスクを軽減する別の理由として、気分の落ち込みの軽減があります。社会活動によって良い人間関係が形成され、悩み事の相談や、楽しい経験の共有により、認知機能に悪影響を及ぼすストレスを軽減できます。

そして家族や友人との交流から、健康を促進する情報を入手でき、健康的な行動が促されることもあります。

良い人とのつながりで得られる環境は、豊富な刺激による認知の予備力の向上だけでなく、ストレスの軽減や健康行動の促進といった複数の側面から認知症予防に重要だと考えられています。

人とのつながりは高齢社会の問題を解決するうえでも重要

人間は一人では生きていくことができません。夫婦、家族、友人、同僚といった人と人とのつながりを意味する社会的ネットワークは、認知機能の低下や認知症の予防だけでなく、高齢期の健康を考えるうえで重視されている要因の一つです。

WHOが提唱する健康の定義には、身体的・精神的・社会的健康の三つの柱がありま す。体は健康でも、人や社会とのつながりがなければ引きこもることになり、健康的な状態であるとは言えません。最近の大規模な疫学研究や何年にもわたる縦断的研究は、

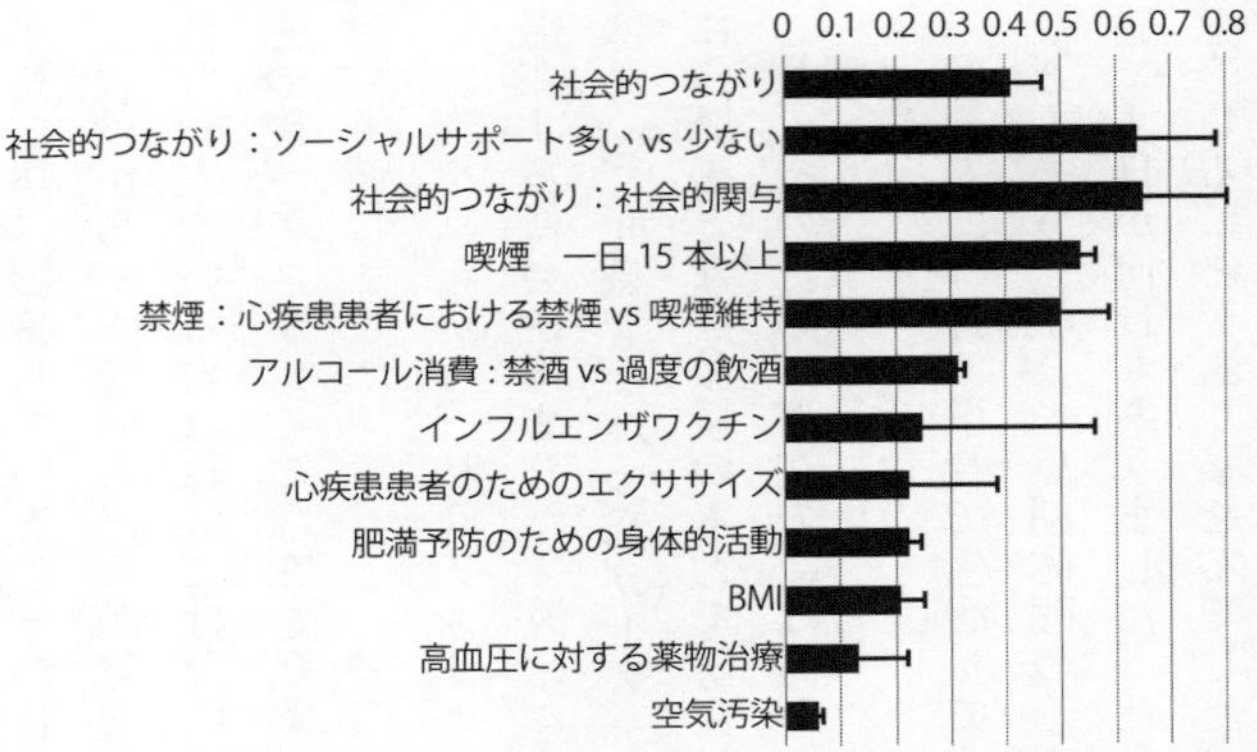

図4－3　**寿命低下のリスク要因に関する148の研究**（対象者303,849人）のメタ分析（Holt-Lunstad, 2010をもとに作成）

社会的ネットワークや社会参加が、認知症予防だけでなく健康増進、幸福感の向上、死亡率の低下につながることを明らかにしています。我が国でも国民の健康寿命の延伸において人とのつながりに関する指標を高めることが目標となっています（厚生労働省、健康日本21〔第二次〕平成二五年）。

図4－3は、死亡率にどのような要因が影響しているのかを検討した一四八の研究、約三〇万人のデータをまとめて分析し直したもので、寿命に関わる要因ごとに影響力（効果量）を表しています。この図から、喫煙、アルコール摂取、運動、BMIといった健康と関連が強いとされている要因よりも、人とのつながりに関する要因のほう

が死亡率に影響していることがわかります。

普段から一人でいるほうが気楽で、孤独でも平気と思っている人は多くいるでしょう。私も一人でいるのは嫌いではないので、この結果を初めてみたとき驚きました。しかし、その後、アメリカでの滞在を経験し、人とのつながりが健康に大切であることを身をもって実感しました。

二〇一八年から、私はアメリカのスタンフォード大学に約一年間、客員研究員として滞在する機会を得ました。渡米にあたり、スタンフォード大学に知り合いがいたわけではなく、面識もなかったカーステンセン教授（研究内容については第5章で紹介します）に履歴書となぜ教授のもとで研究したいか研究内容を送り、運良く受け入れてもらいました。そのため、滞在先には何かあった時に頼れる人どころか、知り合いも一人もいませんでした。

最初の二ヵ月は単身で生活していました。スタンフォード大学が夏休み期間中だったこともあり、学会や夏期休暇のためスタッフも大学にいないことが多く、誰とも話さず過ごす日が何日もありました。ただ、家族とウェブ電話を介して話せたので特に寂しさを感じることもありませんでした。この状況は家族と離れて暮らす独居の高齢者と似ているかもしれません。私は海外に長期間滞在した経験がなかったため、家や電話の契約、公共料金の納入方法から、ちょっとした郵送やパーキングでの支払いまで、いちいち調べる必要があり、気軽に相談できる人がいればと何度も思いました。また急病や交通事故にあった時に連絡してすぐに来てもらえる人がいないという、孤立感はよく感じました。

私は知らない土地で生活することが、自分にどのような影響を与えるのか調べるために、渡米する半年ほど前から、スマートウォッチを身につけ、毎日の歩数や消費カロリー、心拍数、睡眠の時間と質や心拍変動から計算されるストレス度を記録していました。

渡米時から渡米後のストレス度の推移をみると、面白いことに家族が来た日からストレス度が半分に減っていたのです。家族が来ると自由に使える時間は激減し、子どもの学校の準備など、しなければならないことは一気に増えるにもかかわらずです。この経験は人とのつながりの重要性は意識することが難しいこと、ウェブを介した間接的な関係があったとしても、直接的に誰ともつながっていないことが、どれだけ孤立感を高めストレスとなるかを理解する良い経験になりました。

また、社会的ネットワークは高齢期の健康に影響するだけではありません。出生率の低下（一・四三：厚生労働省、平成二九年）、貧困地域における犯罪、高齢者の孤立死や認知症徘徊による行方不明高齢者の増加（約一万五〇〇〇人：警察庁、平成二九年）、高齢独居・高齢夫婦のみ世帯（一三七一万世帯：内閣府、平成二九年）への緊急時や災害時の対応、といった地域の抱える問題を解決し、長寿となっても高齢者が安心して安全に生活できる環境を整えるには、住民同士の支え合い・助け合いの基盤となる社会的ネットワークが必要不可欠であるとされています。

人とのつながりをいかに形成するか

社会的ネットワークの重要性が指摘される一方で、日本では都市部を中心に人間関係の希薄化が進んでいます。隣に誰が住んでいるのか知らない、知っていても挨拶以外のコミュニケーションは特にないというのはめずらしくありません。

私が所属する神戸大学大学院人間発達環境学研究科では、二〇一五年にアクティブエイジング研究センターを立ち上げました。「アクティブ・エイジング（活力ある高齢化）」は、WHOが掲げた言葉で、「人々が歳を重ねても生活の質が向上するように、健康、参加、安全の機会を最適化するプロセス」（WHO「アクティブ・エイジング」の提唱）を意味します。

このセンターでは超高齢社会が抱える問題の解決を目指し、いくつかのプロジェクトを展開しているのですが、そのうちの一つに、鶴甲《つるかぶと》アクティブ・エイジング・プロジェクトがあります。

鶴甲は六甲山のふもとにある神戸大学周辺の町名で、人口は四五〇〇人程度、高齢化率が三五・八％を超える、典型的な都市部高齢地域です。このプロジェクトは加齢の身体運動科学を専門とする岡田修一教授が中心となり、アクティブエイジングを実現するために、地域の住民の方と一緒に、行政や企業の協力を得て、健康教室や睡眠教室、園芸教室、孫との接し方、振り込め詐欺への対応、防災訓練など、アカデミックサロンと呼ばれる、さまざまなイベントを継続的に実施しています。

大学の教員の専門はそれぞれ異なりますが、幅広い分野の専門家がいる大学の特徴を生かし、専門的な知見をふまえ、住民の方が一緒に参加できることを意識したサロンを展開し、四年間でのべ三〇〇〇人の住民がこのサロンに参加しました。このプロジェクトで私たちが最も注目したのは、サロンに参加することによる地域住民の社会的ネットワークの変化です。

社会的ネットワークの形成・促進の取り組みは全国で無数に行われていますが、鶴甲アクティブ・エイジング・プロジェクトでは、プロジェクトの効果を学術的に検証しています。効果を検証することで取り組みの方法が妥当であるかどうかを判断でき、効果的なネットワークの形成に影響する要因を検討できます。

このような意図から、住民の方にご協力いただき、アカデミックサロン展開前と展開後に継続してアンケート調査を実施しました。これらのアンケート調査の結果から、アカデミックサロンに参加した方では地域内に新たなネットワークが形成されていることが示され、プロジェクトに一定の効果があることが明らかとなりました。

社会的ネットワークを形成するために外向的な性格である必要はない

アンケート調査の効果検証によって、サロンに参加した住民の地域コミュニティ内での人とのつながりが変化したことがわかりました。しかし、サロンに参加することで、どのように人とのつながりが形成されているかまではわかりません。

そこで私たちは地域住民の交流を定量的に測定し、人と人とのつながりを可視化することで、交流の現状や変化を把握できないか考えました。私たちは、特定のサロンにおいて、回を重ねるごとに参加者の交流がどのように変化するのか、名札のように首からかけることのできるウェアラブルセンサを用いて検討することにしました。もちろん、このような研究は倫理審査を経ており、また、サロンの参加者にもデータ計測の趣旨を説明し、同意が得られた方のデータを使用しています。

健康教室の参加者の交流を計測した結果が図４－４です。●は参加者を表し、線は一分間以上の対面交流を示し、交流時間が長いほど線が太くなっています。教室の初回はお互いにほとんど面識がないため、交流も少ないのですが、回を重ねるにしたがい交流も増加していきます。

この図から直感的に、参加者間の交流を把握することができます。また、それだけではなく、多くの参加者と交流しているネットワークのキーパーソンや、反対に、交流がなく孤立している方も容易に特定することができます。交流がない方とキーパーソンをつなぐことができれば、より効果的なサロンの運営が期待できます。

また、この研究では、事前に個人の性格特性も尋ねていました。一般的には人との交流が多い方は外向的な性格特徴を持つ方だと思われがちです。しかしながら外向性の程度は交流した人数や交流の時間と関連しておらず、交流した人数には性格特性の中でも

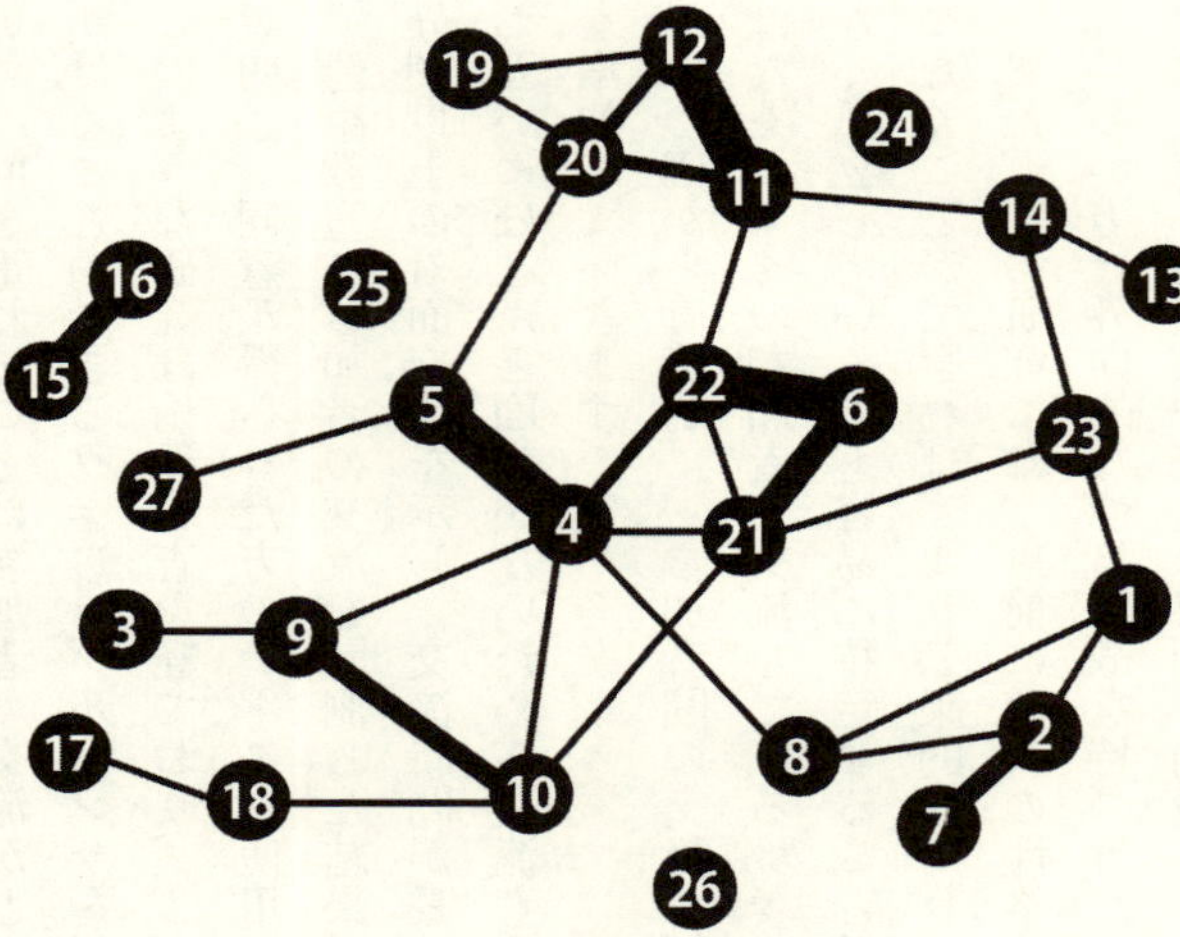

図4－4　健康教室における対面交流の可視化（Masumoto et al., 2017をもとに作成）

協調性が関連していました。

協調的な人は、外向的な人と比べて自分から話しかけることは少ないかもしれませんが、人から話しかけられやすいという特徴があります。そのため、地域での住民交流の促進を考える際、ネットワークのキーパーソンは、必ずしも外向的である必要はなく、協調的であるほうが交流は促進される可能性があります。

加えて、この研究で興味深い結果は、健康教室での交流人数が多かった方ほど、地域交流への関心が健康教室参加前よりも高まっていたことです。健康教室に参加した方は、参加者との交流を目的として参加したわけではありませんでした。しかしこの結果は、特定の地域に限定し住民が集まるきっかけを提供することで、参加された方の地域活動への関心を促進することを示しています。

楽しいから続けられる

ここまで述べたように認知症の予防に大切だと言われている事柄は、認知症だけでなく糖尿病、肥満、高血圧といった生活習慣病や他の病気の予防においても重要です。そのため、生活習慣病を予防することは結果として認知症の予防にもつながります。

ただ、健康的な生活が大切なのはわかっているが、なかなか行動に移せない。行動できても、すぐに止めてしまう。こういったことは誰もが経験しているのではないでしょうか。

普段から健康に気をつけていたり、運動が好きで、よく運動をする人にとっては生活習慣の改善に取り組むことは難しくないかもしれませんが、運動をしなければと思いつつ何年も経過し、運動をし始めても三日坊主で終わってしまうということはよくある話です。

それでもダイエットや禁煙は、ターゲットとなる行動がわかりやすく、前者は体重で、後者はタバコを吸っていないという事実によって、行動の結果を確認できます。一方で、記憶を含む認知機能の状態は、自分自身では客観的に評価できません。そのため「認知症予防のために生活習慣を変えよう！」といったきっかけを得にくく、行動に移したとしても効果を実感しにくいので、継続が難しいという特徴があります。

また、基本的に私たちはイメージしにくいことは自分には起こらないと考えてしまう楽観主義バイアスを持っています。健康に問題がない時に、近い将来自分が病気になっていることをリアルにイメージするのは難しいものです。予防が大切であると知っていることと、実際に行動に移せるかどうかは、分けて考える必要があり、予防に役立つ情報を提供するだけでは、予防行動を促進することは難しいのです。

では、どうすれば健康的な行動や生活を開始し、維持できるのでしょうか。それには、その個人の健康に対する関心や健康行動をどの程度行っているか、そのレベルに応じた情報の提供が必要となります。禁煙を例に挙げると、まったく禁煙に対して興味のない人には喫煙の害に気づき、禁煙に興味を抱かせるための情報の提供が必要となりますが、禁煙をはじめて一週間経過している実行期の人には禁煙を維持するためのサポートや報酬、環境調整といったアプローチが必要となります。記憶機能の維持・向上を健康行動と捉えると、これまでの研究の多くは、関心のある高齢者に対して、何を行えば良いかという点には回答できても、関心のない高齢者に認知症予防の行動をどのように促すのかという点については、答えることができません。

加えて、特に記憶の問題に関心が高い人は、普段の物忘れの増加が気になる人、つまり物忘れをしたことを忘れていない人です。自分は物忘れがないから大丈夫だと思っている、忘れたこと自体を忘れているような、記憶に関心のない人に重大な問題がある可能性もあります。

健康に関心のない人に健康行動を促すことは難しいのですが、先ほど紹介したアカデミックサロンの取り組みで、そのヒントとなる二つの出来事を経験しました。

一つは他者からの誘いです。アカデミックサロンでは、サロン参加時に「何がきっかけで参加されたのですか？」と参加動機をたずねます。「内容に関心があったから」「なんとなく」「健康が気になるから」といった回答が得られるなか、「友人に誘われたから」「家族に誘われたから」という方が必ず何名かいらっしゃいます。「友達や配偶者が参加するなら私も行ってみようかな」と誰かに誘われることが良いきっかけとなるのです。また、日々の健康のための行動も、友人や配偶者と一緒にすることで、自分が乗り気でない時も行動に移すきっかけとなり、その行動が継続されることもあります。

もう一つは、楽しいことが大切だということです。鶴甲アクティブ・エイジング・プロジェクトでは、原田和弘准教授が、毎年、春と秋にウォーキング教室を開催しています。各回の前半は健康や運動に関する講義を受け、そのあとに全員で四五分程度大学の周辺を歩く、というもので、人気のサロンの一つです。

私も参加したことがあるのですが、座学が終わり、皆がウォーキングに出発した後、教室に残っている男性が一人いました。気になって話しかけると、「最近体調が悪くて、ウォーキングができないんですよ」とおっしゃるのです。なぜウォーキングができないのにウォーキング教室に参加されるのか興味を持ち、お話を伺うと「体が動くようになったら、私も歩きたいし、近所に大学があってこのような講義に参加するのは楽しい」とおっしゃっていました。

この言葉は、私に大切なことを気づかせてくれました。それは「楽しい」や「興味がある」ということが、人の行動を促す大きな力になること、そして身体的な健康状態が良くなくても興味・関心が活動的、積極的な行動を可能にするということです。また、こういったプログラムを提供する側としては「何をすればよいのか」だけでなく、「どうすれば楽しくなるのか」を考えなければならないことにも気づかせてくれました。

記憶に対して不安を持つのは悪いことではない

最近の私の疑問の一つに、認知症予防の取り組みは、そのような取り組みを本当に必要な高齢者に実施できているのか、という点があります。近年の健康や認知症に対する高齢者の強い関心は、加齢にともなう記憶機能の低下や認知症罹患に対する強い不安を反映しています。しかし、第１章でも述べたように高齢者の記憶機能に対する不安や自信といった評価（メタ記憶）は、実際の記憶成績と必ずしも一致しません。

また、記憶に対する不適切な自己評価、特に記憶力に対する過大評価は、記憶機能の維持・向上に対するモチベーションを低下させるだけでなく、そのような評価が日常生活にも直接影響する可能性があります。

兵庫県立リハビリテーション中央病院の白川雅之先生らと共同で実施した、重篤な記憶障害を呈する健忘症患者を対象とした記憶の自己評価に関する研究では、健忘症患者は物忘れをしたことを忘れるため、自分は物忘れが少ないと評価する傾向があること、そして記憶障害の程度だけでなく、そのような不適切な記憶に対する評価が社会復帰に影響しているという結果が示されました。

日々の生活の中で私たちは、状況や環境に応じて、要求されている課題や実行したい行動の難易度を評価し、遂行可能かどうかを適切に判断することが求められます。たとえば高齢期の車の運転がそうです。言い換えると、自身の能力を把握せずに、課題を遂行することは、失敗や事故につながるリスクを高めます。

反対に記憶機能が低下していたとしても、適切な自己評価ができれば、周囲に助けを求めたり、適切な補助ツール(メモやリマインダなど)を利用することによって、失敗のリスクを減らせます。

そして、記憶の障害が生じると物忘れが少ないと評価してしまう記憶のエイジングパラドクス以外に、もう一つ、健忘症の研究から明らかになった重要な結果があります。それは、家族が評価した患者の物忘れの評価が、患者の記憶検査の成績と高い相関を示したことです。この結果は、家族が患者の記憶機能を、ある程度的確に評価していたことを意味します。

家族は最近物忘れが多いことを心配しているけれど、本人に問題意識がないため病院に連れて行けない、という話をよく聞きます。ですが、自分は大丈夫だと思っていても家族が心配していたら、記憶に関しては家族の心配が正しい可能性が高いことを私たちの研究結果は示しています。

認知症になるかならないかを、どの程度コントロールできるのか

現在のところ認知症の治療法は確立しておらず、予防が重要であることは疑いようがありません。ただ、認知症の発症に影響する年齢と遺伝は不可逆的なものであり、今のところ私たちにコントロールはできません。また認知症は、この他にさまざまな要因が複合的に作用して発症に至るため、完全な予防は困難です。

リヴィングストン博士らは、認知症になるかならないか、個人がコントロールできる割合は三五％と算出しています。三五％の内訳は図4－5にあるように、若年期では小学校までの教育しか受けていないこと八％、中年期では難聴九％、高血圧二％、肥満一％、高齢期では喫煙五％、抑うつ四％、運動不足三％、社会的孤立二％、糖尿病一％となっています。またAPOE-ε4遺伝子の影響は七％となっています。前章で述べた脳トレや認知訓練をしているかどうかは、認知症に関わる要因として含まれていません。

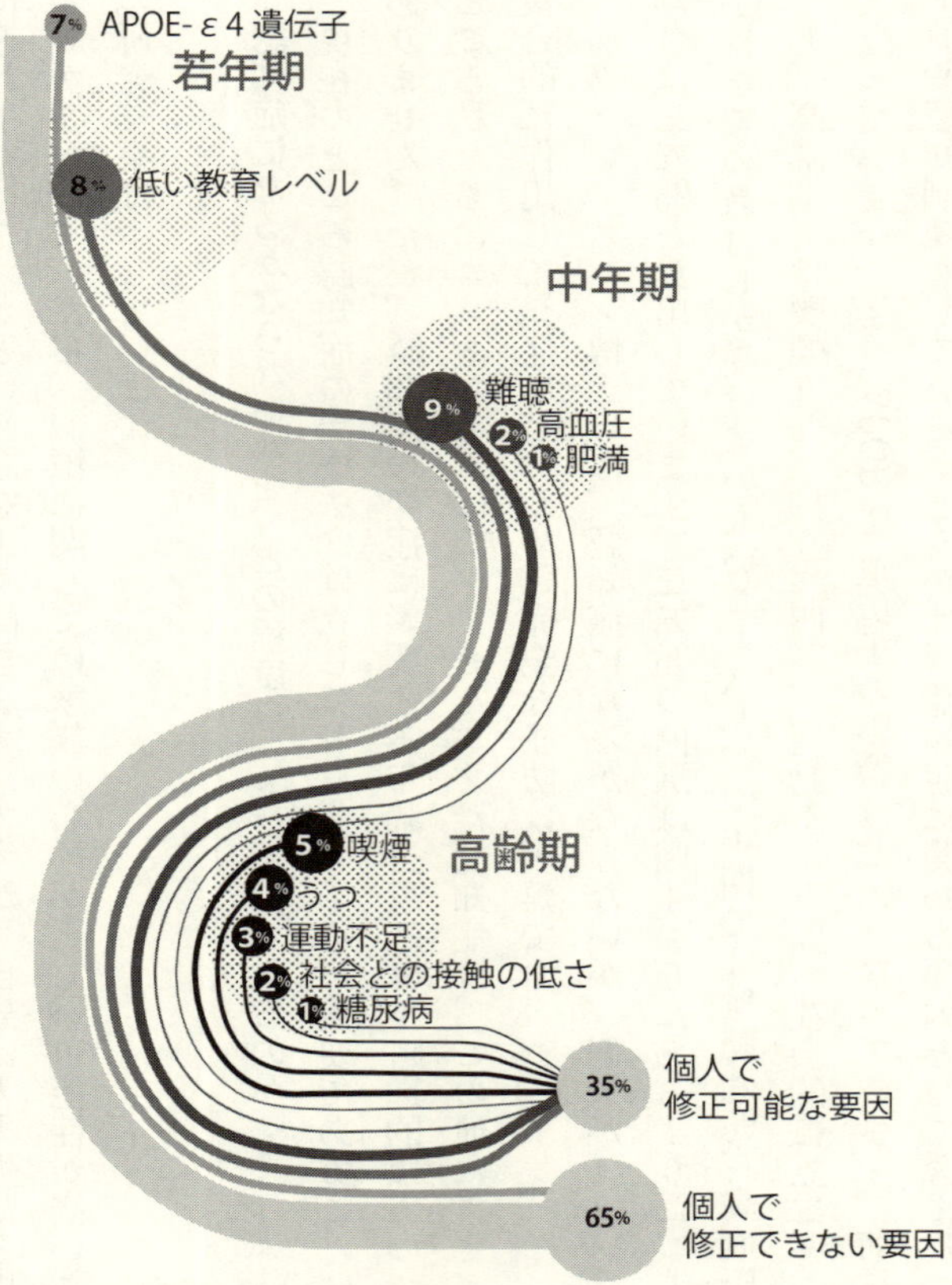

図4－5　修正可能な認知症リスク（Livingston et al., 2017 をもとに作成）

若年期の教育は、その後の認知の予備力を獲得するうえで重要です。ただ、中等教育以降の教育歴の長さが、認知症罹患に影響しているかどうかはわかっていません。

また中年期では難聴が九%と大きな数字になっています。難聴が認知症の罹患になぜ影響するのかは明確ではありませんが、情報が聞き取りにくいことで認知負荷がかかり、それが脳を脆弱にする、耳が聞こえにくいためコミュニケーションに支障をきたし社会との関わりが少なくなったり、うつ病の原因となるといったことが想定されます。また、高血圧は血管系の疾患のリスクを高め、肥満は糖尿病のリスクを高めます。

高齢期の喫煙は、タバコに含まれる神経毒が直接脳に影響することや、タバコによる心臓疾患と認知機能の低下との関連が指摘されています。うつ病については、脳血管疾患のリスクを高め、ストレスホルモン、神経成長因子、海馬への悪影響が認知症のリスクを高めます。

高齢者の認知症患者数は二〇一二年は四六二万人で六五歳以上の高齢者の七人に一人でしたが、二〇二五年には約七〇〇万人となり五人に一人が認知症になると見込まれています。高齢期になってから修正できる認知症のリスクが計一五%という数字は、それらのリスク要因を取り除くことができれば日本全体で見ると、認知症になる七〇〇万人のうちの一〇五万人を防げるのですから、大変大きな数字です。

しかし、個人のレベルでは高齢期から認知症予防を行ったとしても、八五％のリスクはコントロールできないわけですから、いき過ぎた予防への期待には問題があります。また、リヴィングストン博士らの分析は、認知症になるかならないかはさまざまな要因の影響を受けること、食事に気をつけるだけ、運動をするだけでは、予防効果が高まらないことを改めて示しています。

私たち一人ひとりが健康に気をつけることは大切なことです。しかし、予防に対する過剰な情報発信は、「あの人は頭を使っていなかったから」「あの人は家に閉じこもっていたから」というような、認知症になった人に責任があるというロジックに結びつく可能性があり、度々批判されています。

現在でも四〇〇万人以上いる認知症の方たちは、日々の生活で体を動かしたり、頭を使って複雑な思考を行ったりしていなかったのでしょうか。認知症は個人の努力で予防できる、つまりは自己責任という流れが強まっているように感じます。しかし、認知症になるかならないかは、個人の努力でコントロールできる割合が小さいのですから、高齢化がさらに進む日本では認知症の患者数が増加することは確実です。

高齢者のみの世帯が増加し、家族による直接介護がしにくい環境の中、認知症の予防だけでなく、認知症になってもＱＯＬ（クオリティ・オブ・ライフ：生活の質）をどうすれば維持でき、介護の問題を克服できるのか社会全体で考える必要があるのではないでしょうか。

第5章　高齢期の記憶の役割

記憶は記録ではない

以前、同窓会で同級生たちと修学旅行の話で盛り上がったことがあります。私は風邪をひいて、その修学旅行に参加できなかったのですが、ちょっとしたいたずら心で、あの時はこうだった、ああだった、と、さもその時に一緒にいたように相槌を適当に打ったりして会話に参加していました。

同級生たちは私の言動も気にならないようで、自然に受け入れていたのですが、その後に私がその修学旅行に参加していないとネタバラシをしても、まったく受け入れてくれません。私は確実に参加していないのですが、実際には起こっていないことを起こったと信じて疑わないのです。なぜ、そのような現象が生じるのでしょうか。

これまでの記憶に関する認知心理学研究は、私たちの記憶は驚くほどあてにならず、あいまいで、時には本人も気がつかないうちに偽の記憶を作り出すことを実証してきました。

あなたが今読んでいるページを写真のように記憶できるのは数ミリ秒（一ミリ秒＝一〇〇〇分の一秒）、聞こえる音をそのままの音として記憶できるのは数秒程度です。物理的に存在する情報をそっくりそのまま記憶できる期間はあまりにも短く、すべての情報を覚えることは驚異的な記憶の持ち主でもない限り不可能です。そのため、覚えたい情報のみを取り出し、その情報には何らかの意味づけを行う必要があります。また、第１章で述べたように、意味づけられた情報も時間とともに詳細が思い出せなくなり、大まかな粗筋だけが残ります。

偽りの記憶（虚偽記憶）研究の第一人者であるロフタス博士は、私たちがどれほど都合よく記憶を変容させるかを実験によって鮮やかに示しています。

彼女の実験では、参加者に交通事故のビデオをみてもらいました。その後、一つのグループには「車がぶつかった（hit）時のスピードはどれくらいでしたか？」と尋ね、別のグループには「車が激突した（smashed）時のスピードはどれくらいでしたか？」と尋ねました。

激突したという言葉で聞かれたグループは平均で時速一〇・四六マイル＝時速一六・八三キロメートルだったのに対して、ぶつかったという言葉で聞かれたグループは、平均で時速八マイル＝一二・八七キロメートルと回答し、同じビデオをみていたのに聞き方を変えただけでスピードの評価には統計的に有意な差がみられました。

また、この実験の一週間後、参加者に対して、一週間前にみた事故のビデオで、「割れたガラスをみたかどうか」を尋ねたところ（実際には割れたガラスは存在しませんでしたが）、激突したという言葉で尋ねられたグループでは、ガラスをみたという回答の割合が高まりました。

毎年、私の講義でも学生に記憶のあいまいさを実感してもらうために、同じような実験を行います。ロフタス博士らの実験と異なるのは、半分の学生には「この事故で運転手が亡くなりました」、もう半分の学生には「この事故では運転手は軽傷で済みました」とビデオのあとに表示し、事故を起こした車のスピードを予測させることです。

運転手が亡くなったという情報を与えた場合は、回答の平均時速は約六〇キロメートル、軽傷で済んだという情報を与えた場合は平均時速四〇キロメートルと、同じビデオをみていても二〇キロメートルもスピードの評価が異なります。

このように、後から与えられた情報による記憶の変化は事後情報効果と呼ばれ、記憶は後から与えられた情報とつじつまが合うように変化することを示しています。そして多くの場合、記憶の変化は意識せず生じます。

生み出される記憶

とはいえ、この実験は実際に車が衝突するビデオをみせ、その事実についての評価が変わったというだけです。心理学者はこのような記憶の変容だけでなく、ちょっとした情報を与えるだけで、まったく経験しなかった記憶が形成されることも明らかにしています。

たとえば、ロフタス博士らが行った別の実験では、参加者が幼少期に経験した四つの出来事を提示しました。三つは本当にあった出来事ですが、一つはまったく経験していない偽物の出来事で、五歳の時にショッピングモールで長時間迷子になり高齢の女性に助けられた、というものです。参加者は、それらの出来事について覚えている内容を書き出すように、また覚えていなければ「覚えていない」と書くように指示されます。

この段階で、二四人の参加者のうち、七人が経験していない偽物の出来事を覚えていると回答しました。その後、一週間から二週間の間隔をあけ、二度、四つの出来事の詳細とどのくらい覚えているかをインタビューしました。そうすると、偽物の記憶は思い出す回数が増えるほど、記憶の鮮明度の指標が向上したのです。

この研究は、人が経験していない出来事を記憶していることがあり、かつその経験していない記憶を思い出す回数が多いほど虚偽記憶が鮮明になることを意味しています。

これまでの実験から、溺れて死にかけたがライフガードに助けられた、ディズニーランドでバッグス・バニーと握手した（バッグス・バニーはワーナー・ブラザースのキャラクターなので、ありえない話です）といった、さまざまな経験していない記憶が形成されることが示されています。

そして、このような幼児期の記憶だけでなく、後から情報を加えることで、トラウマになるほどの出来事、たとえば、捕虜となり暴力や尋問を受けた相手の顔すらも、確信をもって誤った選択をすることが示されています。

アメリカ海軍の訓練で戦争捕虜となることを経験するものがあります。三〇分の間、尋問者から一人で尋問を受けるのですが、訓練の一環とはいえ、尋問者の質問に答えなかったり、要求に従っているように見えない場合は、顔面を叩かれたり、腹部にパンチを受けたり、無理な体勢を強いられたりと身体的懲罰をも伴います。

尋問の間は尋問者の目をみることが求められ、尋問される側は確実に尋問者の顔を眺めることになります。尋問が終わった後、独房に隔離され、顔写真を渡され写真を見るように指示を受けます。写真をみている間に、「尋問者があなたに食べ物を与えましたか？」など尋問に関する質問を行います。渡された写真は尋問者とは違う人物のものです。

その後、尋問者の写真を選択するよう求められると、九割の人は後でみせられた偽物の写真を選びました。偽の情報や特定の行動へと誘導するプロパガンダに対して抵抗できるよう、訓練を受けた兵士でさえも、虚偽の情報に晒されることで誤った記憶を簡単に作り出すのです。

そして、この虚偽記憶は記憶力が低下していなくてもみられます。パティス博士は、一九八七年一〇月一九日の出来事を尋ねられると、「月曜日で株式市場の暴落の日だった」というように、すぐに何が起こったのかを思い出せるような極端に優れた自伝的記憶の持ち主二〇名と、平均的な記憶力を有する三八名の対照群に対して、虚偽の情報によって記憶の歪みが生じるのかを検討する実験を行いました。その結果、驚異的な記憶の持ち主でも、一般的な記憶力の持ち主である対照群と同じように誤情報によって誤った記憶を想起したのです。

本書では、ここまでどれだけたくさん正確に記憶できるか、記憶の量的な側面に焦点を当てた研究を中心に記憶の仕組みや加齢にともなう記憶の変化、どうすれば記憶の問題を解決できるかについて述べてきました。しかしながら、記憶が経験したことを正確に記録していないという前提に立つと、記憶は一体何のためにあるのか？　という疑問が生じます。私たちが一般的に考えている記録するという役割以外の機能が記憶にあるとすると、その機能はどのようなものなのでしょうか。そして、加齢とともに記憶の役割はどのように変化するのでしょうか。

記憶の変容には意味がある

経験したことをすべて記憶し、正確に思い出せる人と比較することで、記憶が書き換えられることにどのような意味があるのかを知ることができます。

経験したことの詳細まで長期間、記憶できる超記憶力を持つ人は世の中に少なからずいます。神経心理学者であるルリヤ博士が報告したシィーと呼ばれる男性は、これまでに報告されてきた超記憶力の持ち主の中でも、特に優れた記憶力を持ち、記憶できる量に際限がありませんでした。彼は、七〇以上の単語や数字を一度みただけで正しい順序ですべて記憶できただけでなく、一〇年後、一六年後もその情報を正確に思い出すことができました。

ルリヤ博士はシィーの驚異的な記憶と、その背景にある原因を明らかにするだけでなく、そのような驚異的な記憶が人生にいかなる影響を及ぼすのかについても記録を残しました。シィーは、忘れるために紙に書き出して丸めてゴミ箱に捨てたり燃やしたりするほど、情報を忘れられずに苦しんでいました。

また、私たちは複数の情報の特徴をまとめたり、抽象化したりすることが容易にできます。しかし、このような抽象化やカテゴリー化は私たちの記憶があいまいだから可能なのです。

シィーはあまりにも情報が鮮明に記憶として保持されるので、複数の情報をまとめたり、共通する情報を取り出したりすることができませんでした。会話でも、事柄の細部や副次的な情報の追憶にとらわれ、その内容は果てしないほど脱線したそうです。さらに、頭の中で形成される記憶のイメージが鮮明すぎて、空想と現実の区別がつかず、頭の中の鮮明な像が現実と一致しないために、必要な行動をとれないこともありました。正確で驚異的な記憶の持ち主の人生は、バラ色の人生と言えるものではなかったのです。

記憶力が維持されている若い世代においても記憶は書き換えられ、正確な記憶の持ち主が普通の生活すらままならないことは、私たちの記憶が正確に情報を記録するためのものではないことを示しています。

高齢期には何が重要なのか?

心理学において「発達」という言葉は、乳児から成人までの期間が限定された身体的・心理的な成長ではなく、「生まれてから死ぬまで」の期間の成長として捉えられます。

ハーバード大学などで教鞭をとった発達心理学者で精神分析家でもあるE・H・エリクソン教授(一九〇二〜九四)は、人格の発達は生まれてから死ぬまでに八つの段階を経ると述べています。

エリクソン教授の心理社会的発達課題でよく知られているのは思春期のアイデンティティとアイデンティティ拡散です。アイデンティティとは、過去・現在・未来の中での自己の統合的な感覚であり、それが他者や共同体からも認められるものと定義されます。社会生活の中で自分が明確な位置づけを持った存在として成長しているという感覚をうまく持てないアイデンティティ拡散は、非行や自己否定につながるとされています。

高齢期の発達課題はアイデンティティの統合と絶望のバランスをとることです。高齢期には「あの時こうしておけばよかった」という変えられない過去に対する後悔、健康状態が悪くなること、身近な人との別れ、社会的地位といった現在進行系で進む喪失、そして避けることができない死と自分がいつどのように死ぬかわからないという未来に対する恐怖や不安に直面し、程度の差はありますがすべての人が絶望感を抱きます。変えられない過去とあらかじめ知ることのできない未来を受け入れ、絶望感とのバランスをとるために、これまでの人生を振り返り、アイデンティティとして統合することが高齢期の発達課題だとされています。

高齢期の発達課題である人生の統合と絶望のバランスには、記憶できる量や記憶の正確性ではなく、虚偽記憶に見られるような記憶のあいまいさ――柔軟性といったほうがいいのかもしれません――が重要な役割を果たすと私は考えています。

書き換わる人生の記憶

第1章でも紹介しましたが、以前、私の研究室では六五歳以上の四一名の高齢者に「これまでに経験した人生の重要な出来事」を、良いことも悪いことも含めて書き出してもらいました。人生の重要な出来事であるため、たとえ研究目的とはいえ、実験者に知られたくなく、書き出すことを躊躇することは十分に考えられます。そのようなことを避けるために、知られたくない出来事は自分が後でみてわかるような書き方で書き出すように伝えました。

そして一年後、再度研究室に来ていただき、「これまでに経験した人生の重要な出来事」をもう一度書き出してもらいました。六五年以上生きてこられ、さまざまなことを経験した中から特に重要な出来事を書き出してもらうわけですから、宝くじに当選したり、がんと診断されたりといった、よほど衝撃的なことがないかぎり、一年間で重要な出来事は入れ替わらないはずです。

しかし、実験の結果は予想とはまったく異なりました。人生の重要な出来事の六三%が、一年経過しただけで、他の出来事と入れ替わっていたのです。これは、高齢者の記憶力が低下しているからではありません。記憶機能の検査では、実験に参加した高齢者の記憶機能は正常であり、一年間で記憶機能の低下も認められませんでした。また、私は大学の講義でも「これまでに経験した人生の重要な出来事トップ10」を学生に書き出させます。そして、二ヵ月後にもう一度書き出してもらうのですが、たった二ヵ月の間でも三割から半分ほどの出来事が入れ替わります。一〇年以上、学生に対して同じ質問をしているのですが、記憶力が最も良い二〇歳前後の学生でも、人生の重要な出来事が入れ替わらない学生はいませんでした。

記憶に関する研究は、ヒトの記憶が情報を正確に記録することが苦手であり、記録した情報は常に書き換えられていることを繰り返し示しています。そして、人生の重要な出来事でさえも常に他の出来事と入れ替わったり、重要性が変化します。

ピークとエンド

私たちが振り返る人生は、経験の記憶、特に自己と強く関連した自伝的記憶であり、常に更新される動的な記憶です。記憶が変容すると当然、経験した事実と記憶された情報に乖離が生じますが、記憶の変容にはパターンがあります。それを見事に切り取った有名な研究を一つ紹介しましょう。

レデルマイヤ博士とカーネマン博士は、結腸内視鏡検査、あるいは結石の破砕術を受けた患者の施術時のリアルタイムの痛み（経験）と、施術終了後に患者に尋ねた痛みの評価（記憶）の関連性を検討しました。図5－1は、患者が施術時に感じたリアルタイムの痛みを表しており、縦軸は痛みの強さを、横軸は時間を示しています。

患者AとBが経験した痛みの総量を比較すると、圧倒的に患者Bのほうが痛みを経験

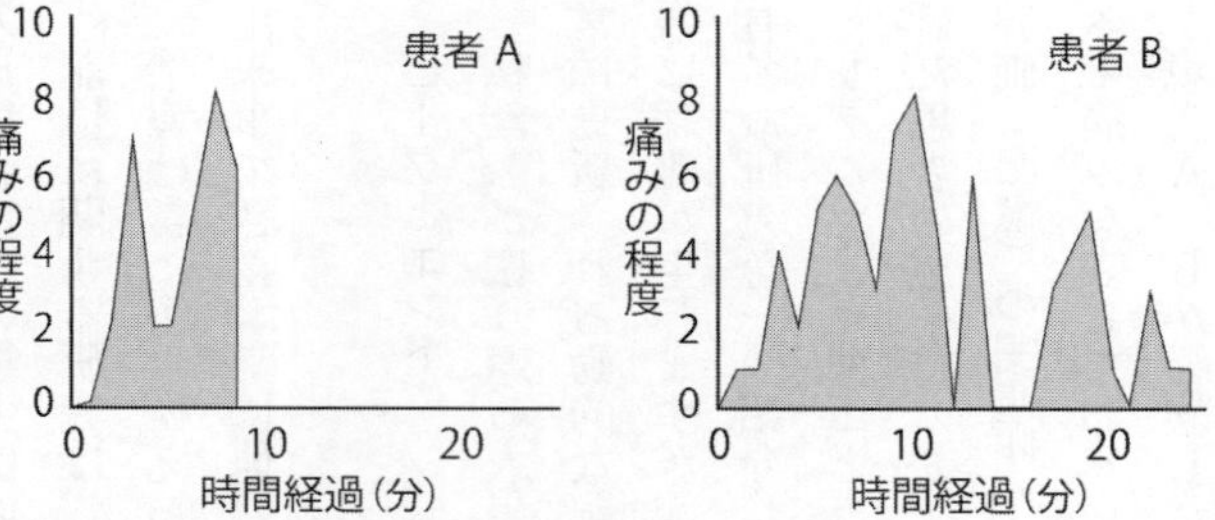

図５－１　痛みの経験に関する実験（Redelmeier & Kahneman, 1996 をもとに作成）

しています。この図を見て、どちらの施術を受けたいかと医師に問われたら、多くの人は患者Aと同じ施術を選択するでしょう。しかし、施術終了後に施術全体で感じた痛みの評価（記憶）を求めると、患者Bではなく患者Aのほうが経験した痛みを強く評価しました。

この結果は、「実際の経験」と「経験の記憶」の乖離を意味しています。

また、リアルタイムの痛み（経験）と施術後に行った痛みの評価（記憶）の関連性を検討すると、施術終了後の痛みの評価は、施術中に経験したピーク時の痛みと、施術の最後（エンド）の三分間に経験した痛みに強く関連し、施術中に経験した痛みの総量は施術後の痛みの評価とほとんど関連していませんでした。

内視鏡検査の経験は、人生全体からみると数多くある経験のほんの一つにすぎません。しかし、内視鏡検査の記憶も人生の重要な経験の記憶も本質的には同じ特徴を持った自伝的記憶です。そして、この結果を踏まえると、私たちの人生の評価は、人生全体の良い経験や悪い経験の総量で決まるのではなく、人生の最も良い時期あるいは悪い時期（ピーク）に加えて、特に高齢期の経験（エンド）の影響を強く受けることを示唆しています。

第４章の図４－１にあるように平均寿命と健康寿命はこの一〇年間で延びてはいます。しかしながら、その差はほとんど縮まってはいません。つまり、人生の最後の約一〇年間は健康ではなく、自立した生活が難しい時期を過ごすということです。

私たちは例外なく身体や認知の機能が年齢とともに衰え、健康状態も悪くなり、最終的には死を迎えます。この時期をどのように過ごすかが人生の評価には重要であり、これまでの人生が素晴らしいものであっても、最後の数年間の経験がつらいものであれば、人生はつらいものとして再構成される可能性があるのです。

物質的な環境で幸福感は説明できない

では、年老いて生涯を振り返った時、幸福と思える人生とは、どのようなものでしょうか。人が幸福であるために何が必要なのかについては、多くの研究があります。何十

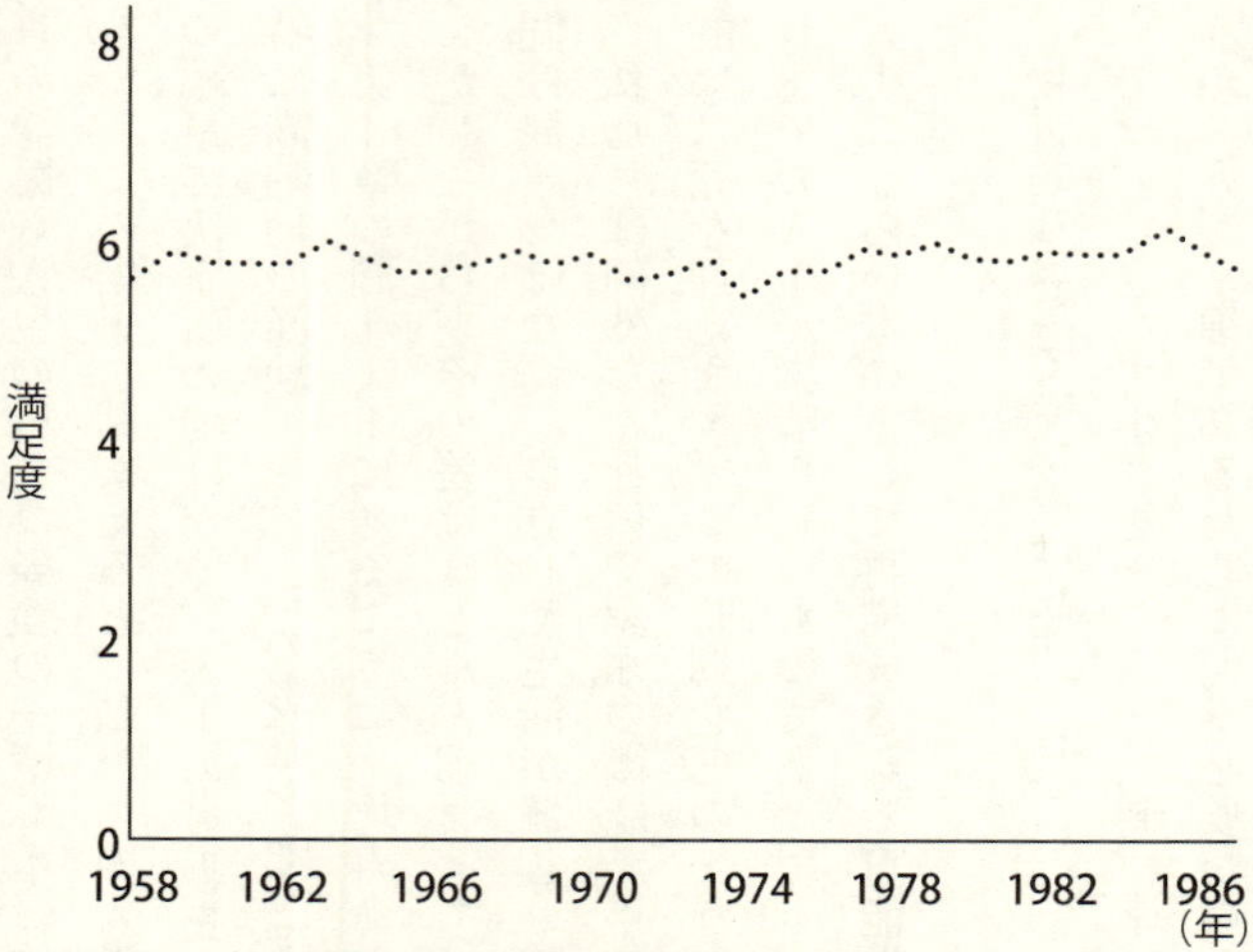

図5－2　日本の経済的豊かさと主観的な幸福感（Easterlin, 1995をもとに作成）

年も特定の人々を追い続け、幸福に影響する要因を検討した研究や、世界中の人々を対象に実施される大規模な調査研究は、幸福感は収入のような経済的指標に代表される物質的な豊かさでは測定することができないことを示してきました。

たとえば、日本は戦後から一九八〇年代後半にかけて、波はありつつも世界に類をみない経済成長を実現しました。しかし、生活満足度については、一九五八年から一九八六年の三〇年ほどの間で変化がみられません（図5－2）。

もちろん、ある程度の収入は幸福を

得るために必要です。生活必需品の購入に支障をきたしたり、食事の回数を減らしたりするなど、周囲と比較しても低い経済的水準にあると幸福感は下がります。しかし、世帯年収が普通の生活を送るのに必要な一定水準（研究によってばらつきはありますが大体六〇〇万円程度）を超えると、収入が億を超える人まで含めて幸福感に違いがありません。

また、人生の満足感や幸福感に影響すると多くの人が考えているものに、お金、外見的魅力、教育レベル、客観的な健康などがあります。しかし、これらは幸福感にそれほど影響しないことを多くの研究が一貫して示しており、収入や住環境といった個々人を取り巻く環境では、幸福感の一〇％しか説明できないといわれています。

一方で幸福感に影響するものとして楽観主義、外向性、社会的つながり、宗教やスピリチュアリティ、趣味、良い睡眠と運動、主観的な健康といった要因があります。幸福「感」は主観的なものであり、脳の情報処理の結果生じるものです。加齢にともなう脳の機能低下は、さまざまな情報処理に影響しますが、幸福感といった感情にはどのような影響をもたらすのでしょうか？

喪失体験が多い高齢期の幸福感が高いという矛盾

人は誰でも高齢になると、さまざまな喪失を経験します。多くの喪失を経験する高齢期は他の発達段階と比較してもストレスの多い時期だと言えそうです。しかし、高齢者の幸福感が低いかといえば、そうではありません。高齢者の主観的な幸福感や心理的安寧は若い時と比較しても差がなく、むしろ若年者と比較して気分は安定していることが報告されています（図5－3）。

このような話を講義でするると、しばしば学生から「アルバイト先のコンビニでキレるお客の多くは高齢者なのですが、これはなぜですか？」といった質問がきます。以前、メディアの方からも「最近キレる高齢者が多い理由を教えて欲しい」という問い合わせがありました。

キレる高齢者が増えた理由は、三つあると考えられます。

一つは、高齢者のうちキレる人の割合は以前と同じでも高齢者人口が増えたため、結果的にキレる人が増加したこと。もう一つは、昔よりも寿命が延び、認知症になる方も増加したため、前頭側頭型認知症のように感情のコントロールが難しい方が増加したこと。最後は、独居の増加、年金などの経済的な不安、長寿による健康不安といった高齢

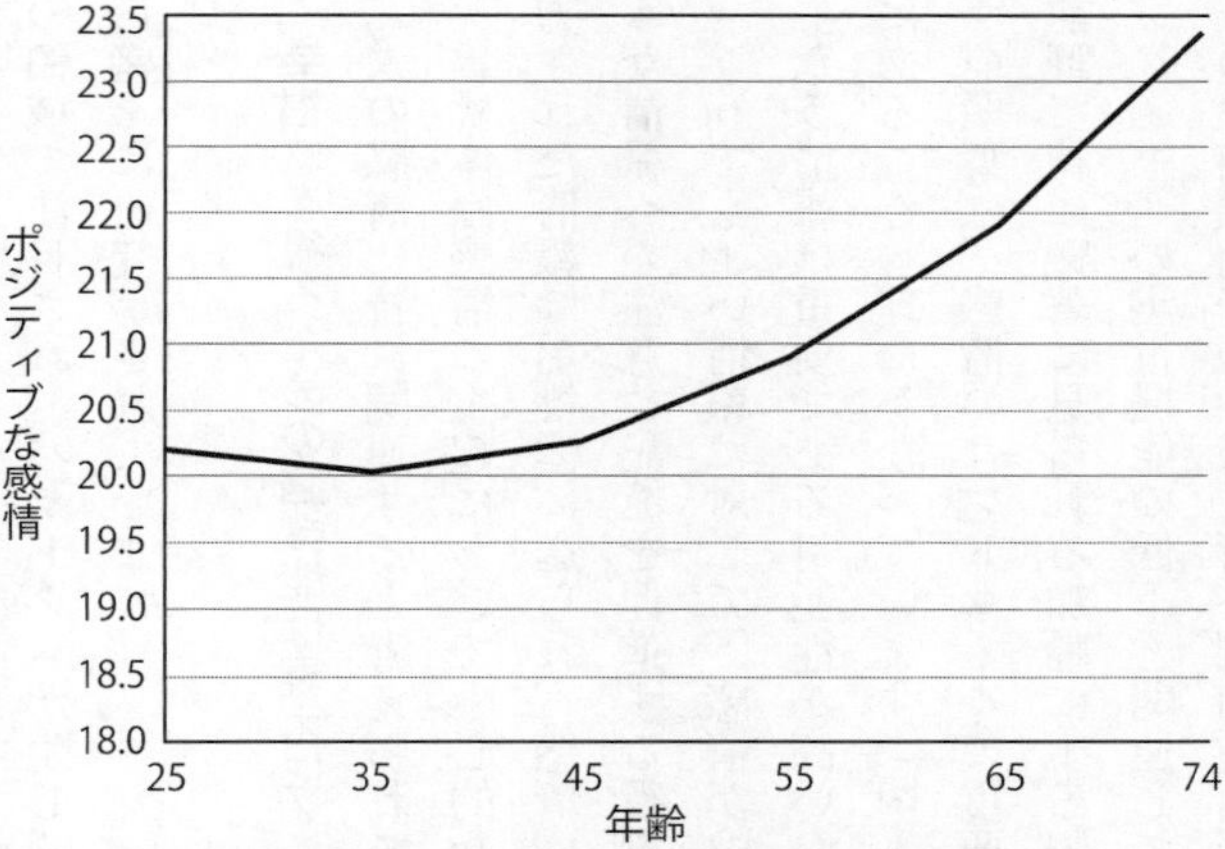

図５－３　高齢者のほうがポジティブな感情を経験する（Mroczek & Kolarz, 1998 をもとに作成）

者を取り巻く環境が以前と比べて厳しくなったため、不安からキレていることが想定できます。これら三つの理由は、高齢者自身がコントロールできるものではありません。

ストレス感受性には遺伝も関係するため、感情のコントロールは個人差も大きく、すべての高齢者の気分が安定し、幸福感が高いとはいえません。ただ、それでも若年者よりも高齢者のほうが幸福を感じていることを多くの研究が示しています。高齢期は喪失を多く経験する時期にもかかわらず、心理的な幸福感が保たれる、という「エイジングパラドクス（矛盾）」は老年学の領域で注目され、パラドクスが生じる原因について、心理学と認知神経科学の両方から盛んに研究がされています。

幸福感を得るための脳機能は衰えにくい

人の感情に特に関連すると考えられている脳部位に、扁桃体と前頭前野があります。扁桃体は感情の生起において中心的な役割を担っています。また、視覚や聴覚から入力された情報は扁桃体に送られ、感情、特に不安や恐怖に関する情報を探索し、そのような情報への注意や記憶を促進する役割を担っています。どうでもよい情報に対して、感情が喚起されることはほとんどありません。感情をともなう情報は重要である可能性が高いため、扁桃体が記憶の定着の役割を担う海馬の隣にあることも理にかなっています(図1-2)。

前頭葉は、感情のコントロールで重要な役割を担っています。これまでの章で、前頭前野で特に顕著に見られる加齢による脳生理学的変化が、記憶の符号化、検索、ワーキングメモリの実行機能の低下と関連していると解説しました。認知機能の低下と関連するのは前頭前野の中でも背外側前頭前野と呼ばれる場所です。

アメリカ人のフィニアス・ゲージは、前頭葉の中でも背外側前頭前野とは異なる腹内側前頭前野が、感情表出や計画遂行で重要な役割を担っていることを示した症例として有名です。鉄道建設現場で現場監督として働いていた彼は、礼儀正しく、仕事をそつなくこなし、上司や同僚からも信頼されていました。しかし、彼が建設現場で爆破の準備のために穴に火薬を詰め込んでいる時、不幸にも火薬が爆発し、火薬を充塡するために使用していた鉄材が頭部を貫通しました（図5－4）。

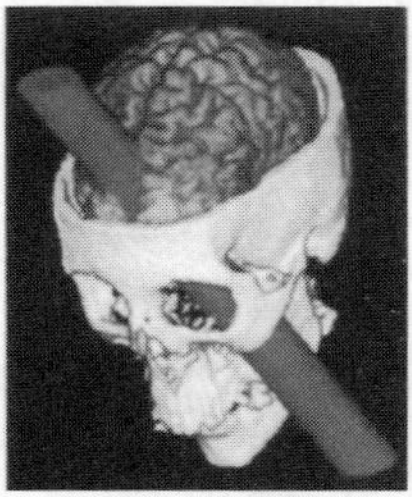

図5－4　フィニアス・ゲージの損傷の再現
(Damasio et al., 1994)

彼は一命を取り留めましたが、回復した後の彼は、不真面目で不遜な態度をとり、思い通りにならないと感情を表に出すようになり、それまでとは別人のようになってしまいました。彼が損傷した腹内側前頭前野は、その後の研究から、感情のコントロールの司令塔であり、扁桃体と腹内側前頭前野のネットワークが感情の生起とコントロールに重要であることがわかってきました。

そして、加齢にともなう認知機能の低下に関与する背外側前頭前野とは異なり、扁桃体と前頭前野腹内側部のネットワークは加齢の影響を受けにくいと考えられています。このように高齢期になっても感情のコントロールを担う脳の機能が保たれていることが、気分が安定している基盤にあります。

老い先が短いという認識が幸福感を高める

感情のコントロールに関与する脳機能が、高齢期でも保たれているという点だけでは、高齢者のほうが若年者よりも幸福感が高いことを説明することはできません。

私たちは、誰もが例外なく死を迎えますが、若年者と高齢者で大きく異なるのは余命です。私は客員研究員としてスタンフォード大学長寿センターに滞在しながら、この原稿を執筆しています。そのセンターの設立者であるカーステンセン教授は、残された時間に対する認識の変化が、重視する情報や選択する行動に影響すると考え、社会情動的選択性理論（Socioemotional Selectivity Theory：以降はSSTと表記）を提唱しました。

SSTは、将来の時間的な見通しによる動機づけの変化によってエイジングパラドクスを説明しようとする理論です。SSTでは、人は残された人生の時間が限られていると認識すると、感情を調整することに動機づけられるとしています。そして、多くの喪失を経験するストレスフルな時期であっても、高齢者がポジティブな気分を維持し幸福感が高いのは、高齢者が感情的に価値のあることや、感情的な満足感を重視し、それらを得るために認知的あるいは社会的資源を投資するからだと説明しています。

では、本当に高齢者は感情調整（この言葉については後述します）に動機づけられ、感情的な満足を得ることを重視しているのでしょうか。この理論は一九九〇年代に提唱されたものですが、二〇〇〇年代に入り、次々とこの理論を裏づけるデータが報告されるようになりました。

ポジティビティ・エフェクト

ヒトを含めた動物にとって、恐怖や怒りといったネガティブな感情をともなった情報は、危険や困難な状況を回避し、生命を維持するために欠かすことができません。そのため、私たちはネガティブな情報に対して心理的・社会的資源を費やす必要があります。実際、若年者は、ポジティブな情報よりもネガティブな情報に意識を向け、記憶しています。このような傾向は、ネガティビティ・バイアスと呼ばれています。

ところが、興味深いことに、高齢者にはネガティビティ・バイアスがみられないことを、いくつかの研究は報告しています。チャールズ博士らは若年者（一八～二九歳）、中

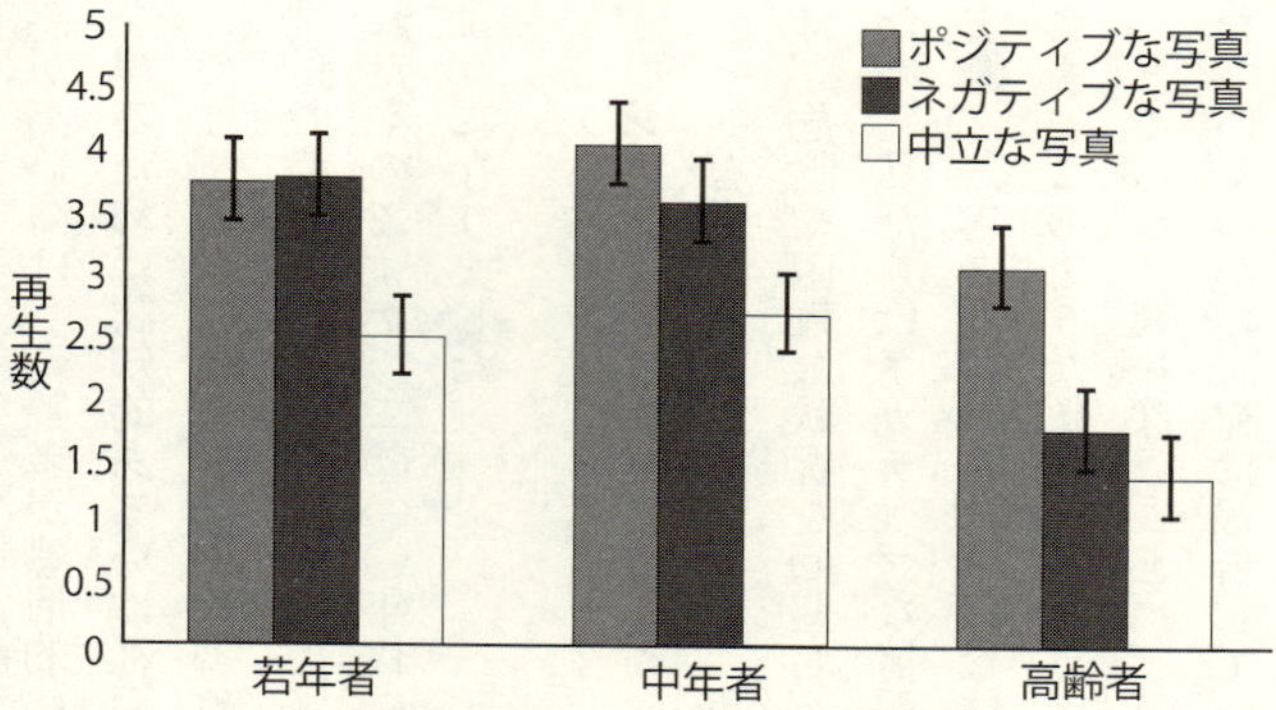

図5－5　高齢期はポジティブな情報の記憶成績が高まる
(Charles et al., 2003より作成)

年者（四一～五三歳）、高齢者（六五～八〇歳）の三群を対象に、ポジティブな感情を喚起（再生）する写真、ネガティブな感情を喚起する写真、感情を喚起しない中立な写真を用いた記憶実験を実施しました。

実験の結果、若年者、中年者ではポジティブな写真とネガティブな写真の記憶成績が中立な写真のそれより優れていたのに対して、高齢者ではポジティブな写真の記憶成績が他の写真よりも優れているという結果が得られました（図5－5）。高齢者がポジティブな情報を重視する現象はポジティビティ・エフェクトと呼ばれ、記憶だけでなく、注意や意思決定についてもみられることが報告されています。

バルベル博士らの研究グループは、ポジティビティ・エフェクトがSSTの想定しているように、人生に限りがあるという認識により引き起こされるのかを実証するために、高齢者と若年者を対象に実験を実施しました。この実験では、将来の時間がまだあることを意識させる条件と、将来の時間が限られていることを意識させる条件を設定しました。

前者の将来展望が長い条件では、参加者に「現在と二〇年前を比較すると一〇〇歳まで生きる人がたくさんいて、あなたも一二〇歳まで生きる可能性があります。そして、多くの研究は私たちが将来についての長期的な計画のために、あまり時間を費やしていないことを示しています。あなたが一二〇歳まで生きるとして、将来のために計画を立ててください」と指示しました。

将来展望が短い条件では、「人は人生がいつ終わるかを知ることはできません。心筋梗塞や脳梗塞、交通事故でいつ死ぬかわかりません。しかし、多くの研究は、人が今この瞬間を重視して過ごしていないことを示しています。あなたの半年しか生きられない将来を計画してください」と指示しました。

今後の貯蓄や支出、時間の使い方などについて考えてもらった後、ポジティブな感情を喚起する写真、ネガティブな感情を喚起する写真、感情を喚起しない中立な写真をランダムに提示しました。

このようにして、残された時間に対する知覚を操作した結果、将来展望が短い条件では、ポジティブな写真の記憶成績が高まっていました。この結果は、人生が限られているという認識が、ポジティビティ・エフェクトを生起させたことを裏づけています。

感情のコントロールは人生をかけて上達する

学校生活、仕事、子育て、介護、病気など、どの年代でも多かれ少なかれ私たちはさまざまなストレスを経験し、そのストレスに対処しながら生活しています。ただ、同じ状況におかれても、不安や恐怖にうまく対処できる人とそうでない人がいます。生まれながらストレスを感じにくい人もいますが、ストレスに強い人に共通するのは、緊張や不安、怒りといったネガティブな感情にのまれることなく、うまくコントロールしている点です。

第2章で述べたように、ネガティブな感情をうまくコントロールすることができなければ、さらに嫌なことに意識が向き、不快な情報を思い出しやすくなり、思考はネガティブな方向に収束します。私たちはそうならないように、普段から、意識的にも無意識的にも、感情を増加、軽減、維持するためにさまざまな方法を用いています。そのような感情のコントロールを、感情調整といいます。

感情調整を説明する理論として広く受け入れられているものに、スタンフォード大学のグロス博士が提唱した感情調整プロセスモデルがあります。この理論では、感情調整を大きく二つに分けています。一つは、感情が生じる前に行われる感情調整であり、もう一つは感情反応が生じた後に行われる感情調整です。感情が生じる前の感情調整として認知的再評価が、感情が生じた後の感情調整としては表出抑制があります。

認知的再評価は、感情が完全に生起する前に、感情を誘発する状況の解釈を変化させることで、感情的なインパクトを変える感情調整の方法です。私は初めての学会発表や、職に就く際に受けた面接の緊張感を今でも忘れられません。緊張するのが当たり前の場面で、緊張しないように落ち着こうとしても、うまくいくことはあまりありません。落ち着くことができないため、さらに緊張が高まる負のスパイラルに陥ります。こうした緊張や不安、恐怖を適切に処理するためには状況に対する認識を変えることが重要です。緊張はしないほうが良いという認知を変え、緊張することは当然で、鼓動が早くなっても、体が一緒に戦闘態勢に入ったのだと思えば、緊張も少しは和らぎます。このように認識を変化させることで、感情をコントロールする方法が認知的再評価です。

近年、『還暦川柳　60歳からの川柳　スマホ買いかわいい孫を師と仰ぐ』（公益社団法人全国老人福祉施設協議会編）や『シルバー川柳　誕生日ローソク吹いて立ちくらみ』（社団法人全国有料老人ホーム協会編）のような書籍が多く刊行されています。

このような川柳も、物事を面白く捉える認識の転換によって、高齢期の大変さをなんとも言えない温かい笑いに変えています。何かに失敗したり、うまくいかなかったりする状況であっても、その失敗や状況をユーモアに転換できれば、ストレスが軽減され、状況を受容でき、何よりユーモアを周りと共有することで、良い人間関係を築くこともできます。

上智大学のアルフォンス・デーケン名誉教授は、人は死の瞬間までは生きているのだから、もっとほほ笑んで楽しく生きることを心がけるべきであり、そのためにユーモアを大切にすることを説いています。ユーモアは言葉の上手な使い方やタイミングのような頭のレベルの技術ではなく、思いやりが原点にあるもので、「にもかかわらず笑うこと」だとデーケン教授は述べています。

話が少しそれましたが、感情調整の方法の中でも認知的再評価はストレスフルな状況情や心理的安寧を高め、ネガティブな感情や抑うつ、不安を軽減させることがわかっています。

もう一つの感情調整の方法である表出抑制は、感情が生起した後に行う感情調整で、喚起された感情やそれにともなう行動の表出を抑えることで感情反応をコントロールする方略です。恐怖や不安、悲しみといったネガティブな感情だけでなく、喜びや楽しさといったポジティブな感情を表情や態度に出さない、といった感情のコントロールが表出抑制にあたります。

表出抑制によって、ネガティブな感情の表出を抑えることができたとしても、それはネガティブな感情を経験する頻度が少なくなったことを意味しません。また、抱いている感情と表出される感情が異なるため自己不一致感につながりやすく、表出抑制はポジティブな感情、心理的安寧、主観的幸福感を低下させ、ネガティブな感情、不安、抑うつを高める不適応的な方略であると特に欧米では考えられています。

私たちは、このような感情調整が加齢にともない、どのように変化するのかを検討するために、二〇歳から七九歳までの九三六名を対象とした調査研究を行いました。結果は、適応的な認知的再評価の使用は加齢とともに増加すること、反対に不適応的な表出抑制は加齢の影響を受けないことを示しました。また、この研究で興味深かったのは、日本のような、対人関係を重視し、集団の団結や秩序を阻害する行動や意思を自制することが重視される文化では、表出抑制がそれほど不適応的な方略ではないことが示されたことです。いずれにしても、高齢なほど認知的再評価を使用し、表出抑制の使用は加齢の影響を受けないという結果は、高齢者が感情調整に動機づけられるとするSSTを裏づけています。

認知機能が高いから感情のコントロールがうまいわけではない

ダニエル・ゴールマンの『EQ　こころの知能指数』という本がベストセラーとなり、一般的にも知られるようになった感情知能（EQあるいはEI：Emotional Intelligence Quotient）という概念がありますが、感情調整は感情知能を構成する一つの機能でもあります。

EQは感情のコントロールや相手に共感する能力といった感情に関連する機能を指し、記憶検査を含むさまざまな認知機能の検査を統合して算出されるIQ（Intelligence

Quotient：知能指数）とは区別されます。そのため、ＩＱが高いからといって必ずしもＥＱが高いわけではありません。本章で紹介した、高齢者の方に「人生の重要な出来事」を想起してもらう実験では、ＩＱと関連するワーキングメモリや処理速度の検査に加えて、ＥＱの検査も実施していました。

ＥＱとワーキングメモリ、処理速度の成績にはやはり関連がなく、素早く複雑な課題を実行できるからといって、感情のコントロールがうまいわけではありませんでした。しかしながら、「人生の重要な出来事」として想起された良い出来事および悪い出来事の個数とＥＱとの間には関連性が認められました。つまり、「人生の重要な出来事」を思い出すように言われ、良い出来事を思い出す人ほど感情のコントロールがうまく、嫌な出来事を思い出す人ほど、感情のコントロールの得点が低かったのです。

この結果は、どれだけ記憶できるか、どれほど速く情報を処理できるかといった認知機能のパフォーマンスよりも、どのような情報を思い出すのかという、処理される情報の質がＥＱと関連していることを示しています。

そして感情は、経験に対する結果（反応）として生じるだけではなく、その後の行動の選択に大きく影響することが知られています。特に高齢期では、高齢者のＱＯＬを維持し、後悔なく人生の最後を迎えるうえで、意思決定の役割が重視されています。

人生の受容に影響する重要な記憶

高齢期の記憶を含むいくつかの認知機能は加齢とともに低下しますが、そのこと自体が高齢者の幸福感や精神的健康に悪影響を及ぼすのではありません。むしろ、加齢とともに物事の良いところに目が向き、記憶し、そして思い出すこと、加えてこのような情報処理の質的な変化が高齢期の感情のコントロールに良い影響を及ぼすことについて述べました。次に、人生の受容や人生の幸福において重視されている記憶についてお話しします。

それは後悔です。「後悔したくない」という思いは、誰もが持っているのではないでしょうか。しかし、後悔は、怒り、不安、恐怖、悲しみといったネガティブな感情の中でも、経験する頻度が多い感情だと言われています。

後悔は、苦痛をともなった認知的感情と定義され、選択した行動と選択しなかった行動とを比較し、後者のほうが良い結果が得られたと感じた時、「もし、違う選択をしていたら、より良い今があったのではないか」という考え（反実仮想）によって生じます。
また、いつもと違う選択をした場合、選択肢が多い場合、あと少しで成功した場合に後悔が強まることが示されています。

若い時は、後悔しても、将来同じような状況になった時には、別の選択や行動をとることで、その後悔の経験を良い将来につなげることができます。しかし残された時間が限られている高齢期では後悔を解消することは難しくなります。高齢期の精神的な健康状態を維持し、抑うつを防ぐうえでは、後悔を抱かないようにすることが重要だと指摘されています。

では、どうすれば後悔を防ぐことができるのでしょうか。一つは、これまでの高齢者がどのような後悔を抱えているのかを参考にすることです。たとえば、末期のがん患者が死ぬ間際に感じた人生の後悔をまとめた、大津秀一『死ぬときに後悔すること25』という本があります。その中には、健康を大切にしなかったこと、自分のやりたいことをやらなかったこと、他人に優しくしなかったこと、仕事ばかりで趣味に時間を割かなかったこと、会いたい人に会っておかなかったこと、生と死の問題を乗り越えられなかったこと、愛する人に「ありがとう」と伝えなかったこと、というように健康や社会生活、そして心理的なことに関連するものなど、多様な後悔がカテゴリーごとに紹介されています。

二五の後悔を眺めていて気がつくのは、「行ったこと」に対する後悔よりも「行わなかったこと」に対する後悔のほうが多いことです。

後悔は大きく、○○しなければよかった、という「行ったこと」に対する後悔と、△△すればよかった、という「行わなかったこと」に対する後悔に分けられます。人は最近のことを振り返る短期的視点では「行ったこと」をより強く後悔し、人生を振り返る長期的視点では「行わなかったこと」をより強く後悔する傾向があります。そして行わなかった後悔は、自分が死ぬ間際では解消できないものばかりです。「やり残し」の後悔は、人生において大きなインパクトがあることも実証されています。会いたい人に会っておくには、自分が移動できるだけ健康であり、なおかつ相手が存命の必要があります。先人が、人生の最後にどのようなことに後悔していたかを知ることは、悔いのない生き方を考えるうえで説得力のある指標の一つとなるのではないでしょうか。

もう一つの後悔の解消の方法は、記憶の再構成です。私たちの経験や経験に対する評価は、その後の経験で常に書き換えられます。経験した事実は変えられませんが、事後情報効果にあったように、その後の経験が過去の後悔や嫌な思い出を再解釈するきっかけを与えてくれる可能性もあります。

エリクソン教授は、高齢期の心理社会的発達課題である絶望と統合のバランスに必要なものを挙げています。それは、これまでの経験を思い出し再検討しようとする意欲。そして、年老いても成長し続けるためのやる気と努力です。年老いても成長し続けるためのやる気と努力を失わなければ、たとえやり直しのきかない後悔があったとしても、その後悔から得た教訓や後悔の意味を見出すことで、それらの経験が無駄ではなかったと思うことができます。

また、高齢者の多くが望むピンピンコロリという死に方は難しいものです。寿命と健康寿命の差が約一〇年はあるのですから、その健康ではない一〇年間をどう悔いなく過ごすかが、人生の受容を考えるうえで、とても重要となるのです。

おわりに

私は高校生の時、ダニエル・キイスが著した『24人のビリー・ミリガン』という本を読んだのがきっかけで、心理学に関心を持ちました。

幼い頃に父親を自殺で亡くしたビリーは、養父から身体的、性的虐待を受け、その影響で一人の中に二四人の人格が同居するという多重人格の話です。

ビリーではない人格が出ている時、ビリーの人格は異なる人格が何をしているかを把握できません。知らないうちに時間が進んでいることに混乱したビリーは自殺を図りますが、別の人格の一人に止められ、眠らされてしまいます。

そして、別人格の一人が、暴行事件を起こし捕まってしまい、ビリーの罪が問えるかどうか、裁判の経過やそれぞれの人格の特徴などが記録された実話です。

耐えられないような出来事が生じた時、その経験そのものをなかったことにすることはできません。ビリーは二三人の人格を生み、虐待などの嫌な記憶を、それぞれの人格に渡すことで、耐えられない出来事に適応したと考えられます。記憶は何かを覚えるためだけでなく、人格、行動、感情にも影響を与えることを知り記憶に興味を持ちました。

研究者を志し所属していた大阪大学大学院の臨床死生学・老年行動学講座の指導教員であった柏木哲夫名誉教授は日本のホスピス緩和ケアの草分けで、研究室では終末期のがん患者の精神的苦痛や、家族を亡くした遺族の精神的ケアに関する研究が盛んに行われていました。

私は、そのような研究に携わることはなく、認知症や高齢者を対象とした記憶機能の研究をしていたのですが、研究の内容に関係なく、講座の大学院生には一人ずつホスピス病棟でどのようなケアが行われているのかを見学する機会が与えられました。

ホスピスとは、末期のがんなどの患者さんの痛みのコントロールや身体的・心理的な問題に対処することで、QOLを保ったまま人生の最後を迎えられるようケアを行う場所です。私はその際に行われていたカンファレンスの内容を今でも鮮明に覚えています。

その内容は、がんで余命が数日しかない母親とまだ小学生の娘さんについてのものでした。がんが全身に転移し痛みが強くなると苦痛を和らげるために、薬で覚醒レベルを下げる処置が行われます。

「娘さんがお母さんと最後に少しでもいいから話をしたいと希望しています」「覚醒レベルを上げても話ができるかどうかわからない」「最後に目を覚ました状態で娘さんが話しかけるだけでも……」「お母さんもそれを望んでいるのでは」といったやりとりがされていて、その時のやりとりは他人の死に接する機会がなかった私にとって衝撃的でした。

それから一五年以上たって、認知症や記憶障害、加齢と記憶に関する研究を行う中で、そもそも記憶とは一体何のためにあるのか、私自身の研究のゴールをどこに設定するのか、といったこれまでの自分の研究の意義や意味について考え直していた時、ホスピスでのやりとりが突然蘇りました。あの時カンファレンスで行われていたやりとりは、母親との最後の経験を、残された娘にどのように記憶として残すのが良いのか、ということだったのではないかと。

高齢期はさまざまな喪失を経験する時期です。認知症になることは誰でも恐怖です。

しかし、長く生きれば多くの人が認知症になるという現実があり、現在のところ認知症予防に良いとされていることをすべて行っても、確実に予防することはできません。健康でいるために努力するのは大切なことですが、加齢とともにさまざまな機能が衰えるのは必然でもあります。そのため、いずれは老いに抗うのではなく、老いに向き合う必要がでてくるはずです。健康でいられなくなることが必然だとすれば、健康でなくなった時に、どう生きるかを考えることも重要になります。

精神科医であるフランクルが、ユダヤ人であるために強制収容所に入れられ、その際の経験を心理学者の視点から捉えた『夜と霧』という有名な本があります。収容された仲間たちの精神的な崩壊を防ぐために、彼が仲間たちに語った内容をみてみましょう。フランクルは詩人の言葉をまず引用し、そのうえで語りかけます。

「あなたが経験したことは、この世のどんな力も奪えない」

わたしたちが過去の充実した生活のなか、豊かな経験のなかで実現し、心の宝物としていることは、なにもだれも奪えないのだ。そして、わたしたちが経験したことだけでなく、わたしたちがなしたことも、わたしたちが苦しんだことも、すべてはいつでも現実のなかへと救いあげられている。それらもいつかは過去のものになるのだが、まさに過去のなかで永遠に保存されるのだ。なぜなら、過去であることも、一種のあることであり、おそらくはもっとも確実なあることなのだ。

先がみえない状況の中、収容所での強制労働やガス室送りという不合理な死だけでなく、将来的に長生きをすれば誰にでも発症する可能性のある認知症のような不条理な病気への不安を軽減する言葉なのかもしれないと思います。このような言葉によって現状を変えることはできませんが、物事の捉え方を変えることはできます。

認知症は怖い病気ですが、なりたくてなる人はいません。そして、認知症が進行し、自分の記憶から過去の大切なことが失われても、その人が成し遂げた事実は大切な誰かが代わりに記憶していたり、文章として残すこともできます。

第5章で述べた、人生の統合と絶望という高齢期の発達課題を提唱したエリクソン教授は、老年期のアイデンティティの感覚はその人自身の過去の記憶と評価だけに基づくのではなく、また、人生で自分が何を選択しどう行動したのかにだけ立脚しているのではなく、これから未来に向けて自分を覚えていてくれる世代にもその基盤を置いている

（エリクソン『老年期』）としています。

ホスピスでのやりとりは、健康でいられなくなってからの生き方が残された人たちに記憶されること、そして、どのように記憶されるか（残された人がどう記憶するか）は、残された人にとって大きな意味を持つことを示しているように思います。

「死にざまは生きざま」という言葉があります。人生の最後の時期である高齢期をどう過ごすか、故人がそれを死んだ後に思い出すことはできません。ただ、残された家族や友人はその経験を鮮明に記憶し、その記憶は、生きていく糧になることも、死を恐怖の対象として刻むこともあります。

記憶を個人の中で完結するものとして捉えると、高齢期は記憶力が低下し、長生きすることで認知症に罹患する確率も高まり、最後は自分の親しい人の顔をみても誰なのかを認識することも難しくなるかもしれず、その恐怖や不安は計り知れません。しかし記憶を個人だけでなく誰かに引き継いでいけるものと捉えると、たとえ認知症になったとしても、それ以前の自分のことを覚えていてくれる人の存在が、自分が自分であったことを担保してくれるのかもしれません。

私たちの記憶が他の人にも引き継がれ、引き継がれた記憶が次の世代に影響を与えると考えると、高齢期の記憶に対処するということは、単に記憶力を高めるだけでなく、どのように記憶されたいかを考えて生きていくことなのかもしれません。

『わすれられないおくりもの』（スーザン・バーレイ著、小川仁央訳）という絵本には、次のような場面があります。みんなから慕われていたアナグマが死んでしまった後、残された友達が、どのように悲しみを埋めていくのかを語っています。

アナグマが残してくれたもののゆたかさで、みんなの悲しみも、きえていました。アナグマの話が出るたびに、だれかがいつも、楽しい思い出を、話すことができるように、なったのです。

（中略）

「ありがとう、アナグマさん。」

増本 康平

Gerontology and Geriatric Medicine, 2, 2333721416637022.
増本康平，上野大介（2009）「認知加齢と情動」『心理学評論』52(3), 326-339.
Morgan III, C. A., Southwick, S., Steffian, G., Hazlett, G. A., & Loftus, E. F. (2013). Misinformation can influence memory for recently experienced, highly stressful events. *International Journal of Law and Psychiatry, 36*(1), 11-17.
Mroczek, D. K., & Kolarz, C. M. (1998). The effect of age on positive and negative affect: a developmental perspective on happiness. *Journal of Personality and Social Psychology, 75*(5), 1333-1349.
大津秀一（2013）『死ぬときに後悔すること25』新潮文庫.
Patihis, L., Frenda, S. J., LePort, A. K., Petersen, N., Nichols, R. M., Stark, C. E., . . . Loftus, E. F. (2013). False memories in highly superior autobiographical memory individuals. *PNAS, 110*(52), 20947-20952.
Redelmeier, D. A., & Kahneman, D. (1996). Patients' memories of painful medical treatments: Real-time and retrospective evaluations of two minimally invasive procedures. *PAIN, 66*(1), 3-8.
Zeelenberg, M., van Dijk, W. W., van der Pligt, J., Manstead, A. S., van Empelen, P., & Reinderman, D. (1998). Emotional reactions to the outcomes of decisions: the role of counterfactual thought in the experience of regret and disappointment. *Organizational Behavior and Human Decision Processes, 75*(2), 117-141.

おわりに

ヴィクトール・E・フランクル（2002）『夜と霧 新版』池田香代子訳，みすず書房.
E. H. エリクソン, J. M. エリクソン, & H. Q. キヴニック（1990）『老年期——生き生きしたかかわりあい』朝長正徳，朝長梨枝子訳，みすず書房.
柏木哲夫（1996）『死にゆく患者の心に聴く——末期医療と人間理解』中山書店.
スーザン・バーレイ（1986）『わすれられないおくりもの』小川仁央訳，評論社.
ダニエル・キイス（1992）『24人のビリー・ミリガン——ある多重人格者の記録』（上・下）堀内静子訳，早川書房.

主要参考文献

ダニエル・ゴールマン（1996）『EQ こころの知能指数』土屋京子訳，講談社.

Deeken, A.（2002）「尊厳ある生と安らかな死——生と死とユーモア」『癌と化学療法』29（Supplement III）, 417-420.

Dennis, T. A.（2007）. Interactions between emotion regulation strategies and affective style: Implications for trait anxiety versus depressed mood. *Motivation and Emotion, 31*（3）, 200-207.

Easterlin, R. A.（1995）. Will raising the incomes of all increase the happiness of all? *Journal of Economic Behavior & Organization, 27*（1）, 35-47.

Erikson, E. H., & Erikson, J. M.（1998）. *The Life Cycle Completed (extended version)*. New York: W. W. Norton & Company.

Gilovich, T., & Medvec, V. H.（1995）. The experience of regret: what, when, and why. *Psychological Review, 102*（2）, 379-395.

権藤恭之，古名丈人，小林江里香，稲垣宏樹，杉浦美穂，増井幸恵，. . . 鈴木隆雄（2005）「都市部在宅超高齢者の心身機能の実態」『日本老年医学会雑誌』42（2）, 199-208.

Gross, J. J.（2001）. Emotion regulation in adulthood: timing is everything. *Current Directions in Psychological Science, 10*（6）, 214-219.

Gross, J. J., & John, O. P.（2003）. Individual differences in two emotion regulation processes: implications for affect, relationships, and well-being. *Journal of Personality and Social Psychology, 85*（2）, 348-362.

Heaps, C. M., & Nash, M.（2001）. Comparing recollective experience in true and false autobiographical memories. *Journal of Experimental Psychology: Learning, Memory, and Cognition, 27*（4）, 920.

イローナ・ボニウェル（2015）『ポジティブ心理学が1冊でわかる本』成瀬まゆみ監訳，永島沙友里ほか訳，国書刊行会.

Lawton, M. P., Kleban, M. H., Rajagopal, D., & Dean, J.（1992）. Dimensions of affective experience in three age groups. *Psychology and Aging, 7*（2）, 171-184.

Loftus, E. F., & Palmer, J. C.（1974）. Reconstruction of automobile destruction: an example of the interaction between language and memory. *Journal of Verbal Learning and Verbal Behavior, 13*（5）, 585-589.

Loftus, E. F., & Pickrell, J. E.（1995）. The formation of false memories. *Psychiatric annals, 25*（12）, 720-725.

増本康平（2015）「老年心理学の最前線（7）　高齢者の自伝的記憶」『老年精神医学雑誌』26（7）, 813-820.

Masumoto, K., Taishi, N., & Shiozaki, M.（2016）. Age and gender differences in relationships among emotion regulation, mood, and mental health.

SB新書.
佐藤眞一，髙山緑，増本康平（2014）『老いのこころ――加齢と成熟の発達心理学』有斐閣.
Stern, Y. (2012). Cognitive reserve in ageing and Alzheimer's disease. *The Lancet Neurology, 11*(11), 1006-1012.
田邉敬貴（2000）『痴呆の症候学』医学書院.
鶴甲地区連合自治会（2018）「神戸市灘区の鶴甲地区連合自治会コミュニティサイト」http://tsurukabuto.info/tsurukabuto_area/
Wang, H.-X., Karp, A., Winblad, B., & Fratiglioni, L. (2002). Late-life engagement in social and leisure activities is associated with a decreased risk of dementia: a longitudinal study from the Kungsholmen project. *American Journal of Epidemiology, 155*(12), 1081-1087.

第5章

Aldao, A., Nolen-Hoeksema, S., & Schweizer, S. (2010). Emotion-regulation strategies across psychopathology: a meta-analytic review. *Clinical Psychology Review, 30*(2), 217-237.
A・R・ルリヤ（2010）『偉大な記憶力の物語　ある記憶術者の精神生活』天野清訳，岩波現代文庫.
Barber, S. J., Opitz, P. C., Martins, B., Sakaki, M., & Mather, M. (2016). Thinking about a limited future enhances the positivity of younger and older adults' recall: support for socioemotional selectivity theory. *Memory & Cognition, 44*(6), 869-882.
Baumeister, R. F., Bratslavsky, E., Finkenauer, C., & Vohs, K. D. (2001). Bad is stronger than good. *Review of General Psychology, 5*(4), 323-370.
Braun, K. A., Ellis, R., & Loftus, E. F. (2002). Make my memory: How advertising can change our memories of the past. *Psychology & Marketing, 19*(1), 1-23.
Carstensen, L. L. (1992). Social and emotional patterns in adulthood: support for socioemotional selectivity theory. *Psychology and Aging, 7*(3), 331-338.
Carstensen, L. L. (2006). The influence of a sense of time on human development. *Science, 312* (5782), 1913-1915.
Charles, S. T., Mather, M., & Carstensen, L. L. (2003). Aging and emotional memory: the forgettable nature of negative images for older adults. *Journal of Experimental Psychology: General, 132*(2), 310-324.
Damasio, H., Grabowski, T., Frank, R., Galaburda, A. M., & Damasio, A. R. (1994). The return of Phineas Gage: clues about the brain from the skull of a famous patient. *Science, 264* (5162), 1102-1105.

Kuiper, J. S., Zuidersma, M., Oude Voshaar, R. C., Zuidema, S. U., Van den Heuvel, E. R., Stolk, R. P., & Smidt, N. (2015). Social relationships and risk of dementia: A systematic review and meta-analysis of longitudinal cohort studies. *Ageing Research Reviews, 22*, 39-57.

Livingston, G., Sommerlad, A., Orgeta, V., Costafreda, S. G., Huntley, J., Ames, D., . . . Cooper, C. (2017). Dementia prevention, intervention, and care. *The Lancet, 390* (10113), 2673-2734.

増本康平，白川雅之（2012）「健忘症患者の記憶障害に対する自己認識」『心理学研究』83(5), 409-418.

Masumoto, K., Yaguchi, T., Matsuda, H., Tani, H., Tozuka, K., Kondo, N., & Okada, S. (2017). Measurement and visualization of face-to-face interaction among community-dwelling older adults using wearable sensors. *Geriatrics & Gerontology International, 17*(10), 1752-1758.

McKeith, I. G., Galasko, D., Kosaka, K., Perry, E. K., Dickson, D. W., Hansen, L. A., . . . Byrne, E. J. (1996). Consensus guidelines for the clinical and pathologic diagnosis of dementia with Lewy bodies (DLB): report of the consortium on DLB international workshop. *Neurology, 47*(5), 1113-1124.

Mitchell, A. J., & Shiri-Feshki, M. (2009). Rate of progression of mild cognitive impairment to dementia-meta-analysis of 41 robust inception cohort studies. *Acta Psychiatrica Scandinavica, 119*(4), 252-265.

内閣府（2018）『平成30年版高齢社会白書』http://www8.cao.go.jp/kourei/whitepaper/w-2018/html/zenbun/index.html

日本老年精神医学会編（2004）『老年精神医学講座；各論』ワールドプランニング.

Pandya, S. Y., Clem, M. A., Silva, L. M., & Woon, F. L. (2016). Does mild cognitive impairment always lead to dementia? A review. *Journal of the Neurological Sciences, 369*, 57-62.

Petersen, R. C. (2004). Mild cognitive impairment as a diagnostic entity. *Journal of Internal Medicine, 256*(3), 183-194.

Petersen, R. C., Smith, G. E., Waring, S. C., Ivnik, R. J., Tangalos, E. G., & Kokmen, E. (1999). Mild cognitive impairment: clinical characterization and outcome. *Archives of Neurology, 56*(3), 303-308.

Pinquart, M., & Sörensen, S. (2000). Influences of socioeconomic status, social network, and competence on subjective well-being in later life: A meta-analysis. *Psychology and Aging, 15*(2), 187-224.

Prochaska, J. O., & Velicer, W. F. (1997). The transtheoretical model of health behavior change. *American Journal of Health Promotion, 12*(1), 38-48.

佐藤眞一（2012）『認知症　「不可解な行動」には理由（ワケ）がある』

Sciences and Medical Sciences, 61 (11), 1166-1170.

Colcombe, S., & Kramer, A. F. (2003). Fitness effects on the cognitive function of older adults: a meta-analytic study. *Psychological Science, 14* (2), 125-130.

Colcombe, S. J., Kramer, A. F., Erickson, K. I., Scalf, P., McAuley, E., Cohen, N. J., . . . Elavsky, S. (2004). Cardiovascular fitness, cortical plasticity, and aging. *PNAS, 101* (9), 3316-3321.

DeCarli, C. (2003). Mild cognitive impairment: prevalence, prognosis, aetiology, and treatment. *The Lancet Neurology, 2* (1), 15-21.

Fratiglioni, L., Paillard-Borg, S., & Winblad, B. (2004). An active and socially integrated lifestyle in late life might protect against dementia. *The Lancet Neurology, 3* (6), 343-353.

Harada, K., Masumoto, K., Katagiri, K., Fukuzawa, A., Chogahara, M., Kondo, N., & Okada, S. (2018). Community intervention to increase neighborhood social network among Japanese older adults. *Geriatrics & Gerontology International 18* (3), 462-469.

Holt-Lunstad, J., Smith, T. B., & Layton, J. B. (2010). Social relationships and mortality risk: a meta-analytic review. *PLoS Medicine, 7* (7), e1000316.

Jack, C. R. Jr., Knopman, D. S., Jagust, W. J., Shaw, L. M., Aisen, P. S., Weiner, M. W., . . . & Trojanowski, J. Q. (2010). Hypothetical model of dynamic biomarkers of the Alzheimer's pathological cascade. *The Lancet Neurology, 9* (1), 119-128.

警察庁（2017）『平成28年における行方不明者の状況』https://www.npa.go.jp/safetylife/seianki/fumei/H28yukuehumeisya.pdf

Kivipelto, M., Ngandu, T., Laatikainen, T., Winblad, B., Soininen, H., & Tuomilehto, J. (2006). Risk score for the prediction of dementia risk in 20 years among middle aged people: a longitudinal, population-based study. *The Lancet Neurology, 5* (9), 735-741.

厚生労働省（2017）『平成27年度　国民医療費の概況』https://www.mhlw.go.jp/toukei/saikin/hw/k-iryohi/15/index.html

厚生労働省（2018）『平成29年　簡易生命表の概況』https://www.mhlw.go.jp/toukei/saikin/hw/life/life17/index.html

厚生労働省（2018）『平成29年　国民生活基礎調査の概況』https://www.mhlw.go.jp/toukei/saikin/hw/k-tyosa/k-tyosa17/index.html

厚生労働省（2018）『平成29年　人口動態統計（確定数）の概況』https://www.mhlw.go.jp/toukei/saikin/hw/jinkou/kakutei17/index.html

厚生労働省（2018）『社会保障・税一体改革――なぜ今，改革が必要なのか?』https://www.mhlw.go.jp/stf/seisakunitsuite/bunya/hokabunya/shakaihoshou/kaikaku.html

佐久間尚子（2009）「健常高齢者における認知的介入研究の動向」『心理学評論』52(3), 434-444.

Schooler, C., & Mulatu, M. S. (2001). The reciprocal effects of leisure time activities and intellectual functioning in older people: a longitudinal analysis. *Psychology and Aging, 16*(3), 466-482.

Simons, D. J., Boot, W. R., Charness, N., Gathercole, S. E., Chabris, C. F., Hambrick, D. Z., & Stine-Morrow, E. A. L. (2016). Do "Brain-Training" Programs Work? *Psychological Science in the Public Interest, 17*(3), 103-186.

Stanford Center on Longevity (2014). A consensus on the brain training industry from the scientific community. http://longevity.stanford.edu/a-consensus-on-the-brain-training-industry-from-the-scientific-community-2/

Stern, Y. (2002). What is cognitive reserve? Theory and research application of the reserve concept. *Journal of the International Neuropsychological Society, 8*(3), 448-460.

Stine-Morrow, E. A. L., & Basak, C. (2010). Cognitive interventions. In K. W. Schaie & S. L. Willis (Eds.), *Handbook of the Psychology of Aging* (7th ed.). London: Academic Press.

Verhaeghen, P., Marcoen, A., & Goossens, L. (1992). Improving memory performance in the aged through mnemonic training: a meta-analytic study. *Psychology and Aging, 7*(2), 242-251.

Weisberg, D. S., Keil, F. C., Goodstein, J., Rawson, E., & Gray, J. R. (2008). The seductive allure of neuroscience explanations. *Journal of Cognitive Neuroscience, 20*(3), 470-477.

Willis, S. L., Tennstedt, S. L., Marsiske, M., Ball, K., Elias, J., Koepke, K. M., . . . Wright, E. (2006). Long-term effects of cognitive training on everyday functional outcomes in older adults. *JAMA, 296*(23), 2805-2814.

第4章

朝田隆（2013）「都市部における認知症有病率と認知症の生活機能障害への対応」『厚生労働科学研究費補助金（認知症対策総合研究事業）総合研究報告書』

Cattell, V. (2001). Poor people, poor places, and poor health: the mediating role of social networks and social capital. *Social Science & Medicine, 52*(10), 1501-1516.

Colcombe, S. J., Erickson, K. I., Scalf, P. E., Kim, J. S., Prakash, R., McAuley, E., . . . Kramer, A. F. (2006). Aerobic exercise training increases brain volume in aging humans. *The Journals of Gerontology Series A-Biological*

病解明に手をさしのべた修道女たち』藤井留美訳，DHC.
Ericcson, K. A., Chase, W. G., & Faloon, S.（1980）. Acquisition of a memory skill. *Science, 208*（4448）, 1181-1182.
Grady, C. L., & Craik, F. I. M.（2000）. Changes in memory processing with age. *Current Opinion in Neurobiology, 10*（2）, 224-231.
Hertzog, C., Kramer, A. F., Wilson, R. S., & Lindenberger, U.（2008）. Enrichment effects on adult cognitive development. Can the functional capacity of older adults be preserved and enhanced? *Psychological Science in the Public Interest, 9*（1）, 1-65.
Hultsch, D. F., Hertzog, C., Small, B. J., & Dixon, R. A.（1999）. Use it or lose it: engaged lifestyle as a buffer of cognitive decline in aging? *Psychology and Aging, 14*（2）, 245-263.
岩原昭彦，八田武志（2009）「ライフスタイルと認知の予備力」『心理学評論』52（3）, 416-429.
Lövdén, M., Bäckman, L., Lindenberger, U., Schaefer, S., & Schmiedek, F.（2010）. A Theoretical Framework for the Study of Adult Cognitive Plasticity. *Psychological Bulletin, 136*（4）, 659-676.
増本康平（2008）『エピソード記憶と行為の認知神経心理学』ナカニシヤ出版.
McCabe, D. P., & Castel, A. D.（2008）. Seeing is believing: the effect of brain images on judgments of scientific reasoning. *Cognition, 107*（1）, 343-352.
Morgan III, C. A., Southwick, S., Steffian, G., Hazlett, G. A., & Loftus, E. F.（2013）. Misinformation can influence memory for recently experienced, highly stressful events. *International Journal of Law and Psychiatry, 36*（1）, 11-17.
Nadeau, S. E.（2002）. A paradigm shift in neurorehabilitation. *The Lancet Neurology, 1*（2）, 126-130.
Owen, A. M., Hampshire, A., Grahn, J. A., Stenton, R., Dajani, S., Burns, A. S., . . . Ballard, C. G.（2010）. Putting brain training to the test. *Nature, 465*（7299）, 775-778.
Papp, K. V., Walsh, S. J., & Snyder, P. J.（2009）. Immediate and delayed effects of cognitive interventions in healthy elderly: a review of current literature and future directions. *Alzheimer's & Dementia, 5*（1）, 50-60.
Rebok, G. W., Ball, K., Guey, L. T., Jones, R. N., Kim, H.-Y., King, J. W., . . . Willis, S. L.（2014）. Ten-year effects of the advanced cognitive training for independent and vital elderly cognitive training trial on cognition and everyday functioning in older adults. *Journal of the American Geriatrics Society, 62*（1）, 16-24.

主要参考文献

品川俊一郎，池田学，豊田泰孝，松本光央，松本直美，足立浩祥，田辺敬貴ほか（2007）「地域在住高齢者における主観的もの忘れの背景因子の検討」『老年精神医学雑誌』18(3), 313-320.

Sparrow, B., Liu, J., & Wegner, D. M. (2011). Google effects on memory: cognitive consequences of having information at our fingertips. *Science, 333* (6043), 776-778.

総務省（2016）『情報通信白書　平成 28 年版』http://www.soumu.go.jp/johotsusintokei/whitepaper/[online] accessed at 1st August.

総務省（2018）『平成 29 年通信利用動向調査ポイント』http://www.soumu.go.jp/main_content/000558952.pdf

吉益晴夫（2003）「老年期のうつ状態」鹿島晴雄，宮岡等編『よくわかるうつ病のすべて――早期発見から治療まで』（pp. 274-282）永井書店.

Ziefle, M., & Bay, S. (2005). How older adults meet complexity: aging effects on the usability of different mobile phones. *Behaviour & Information Technology, 24* (5), 375-389.

第3章

Aartsen, M. J., Smits, C. H. M., Van Tilburg, T., Knipscheer, K. C. P. M., & Deeg, D. J. H. (2002). Activity in older adults: cause or consequence of cognitive functioning? A longitudinal study on everyday activities and cognitive performance in older adults. *The Journals of Gerontology Series B-Psychological Sciences and Social Sciences, 57* (2), 153-162.

Althoff, T., White, R. W., & Horvitz, E. (2016). Influence of Pokémon Go on physical activity: study and implications. *Journal of medical Internet research, 18* (12).

Anstey, K., & Christensen, H. (2000). Education, activity, health, blood pressure and apolipoprotein E as predictors of cognitive change in old age: A review. *Gerontology, 46* (3), 163-177.

Ball, K., Berch, D. B., Helmers, K. F., Jobe, J. B., Leveck, M. D., Marsiske, M., . . . Willis, S. L. (2002). Effects of cognitive training interventions with older adults: a randomized controlled trial. *JAMA-Journal of the American Medical Association, 288* (18), 2271-2281.

Cabeza, R. (2002). Hemispheric asymmetry reduction in older adults: The HAROLD model. *Psychology and Aging, 17* (1), 85-100.

Dahlin, E., Neely, A. S., Larsson, A., Bäckman, L., & Nyberg, L. (2008). Transfer of learning after updating training mediated by the striatum. *Science, 320* (5882), 1510-1512.

デヴィッド・スノウドン（2004）『100 歳の美しい脳――アルツハイマー

29-35.

Masumoto, K., Shirakawa, M., Higashiyama, T., & Yokoyama, K. (2015). The role of movement representation in episodic memory for actions: a study of patients with apraxia. *Journal of Clinical and Experimental Neuropsychology, 37*(5), 471-482.

増本康平，高井恒夫（2002）「被験者実演課題を用いた Alzheimer 病患者のエピソード記憶に関する研究」『神経心理学』18(4), 239-246.

Masumoto, K., Tsuneto, S., Takai, T., & Kashiwagi, T. (2004). Influence of motoric encoding on forgetting function of memory for action sentences in patients with Alzheimer's disease. *Perceptual and Motor Skills, 98*(1), 299-306.

Masumoto, K., Yamaguchi, M., Sutani, K., Tsuneto, S., Fujita, A., & Tonoike, M. (2006). Reactivation of physical motor information in the memory of action events. *Brain Research, 1101*(1), 102-109.

Melenhorst, A.-S., Rogers, W. A., & Bouwhuis, D. G. (2006). Older adults' motivated choice for technological innovation: evidence for benefit-driven selectivity. *Psychology and Aging, 21*(1), 190-195.

Nebes, R. D., Butters, M. A., Mulsant, B. H., Pollock, B. G., Zmuda, M. D., Houck, P. R., & Reynolds, C. F. (2000). Decreased working memory and processing speed mediate cognitive impairment in geriatric depression. *Psychological Medicine, 30*(3), 679-691.

Nyberg, L., Bäckman, L., Erngrund, K., Olofsson, U., & Nilsson, L. G. (1996). Age differences in episodic memory, semantic memory, and priming: relationships to demographic, intellectual, and biological factors. *The Journals of Gerontology Series B-Psychological Sciences and Social Sciences, 51*(4), 234-240.

P・J・ウォーレン，E・A・フェルプス編（2015）『ヒト扁桃体研究ハンドブック――機能・構造・障害』泉井亮総監訳，井樋慶一，中澤潤，岡田元宏監訳，西村書店．

Rahhal, T. A., Hasher, L., & Colcombe, S. J. (2001). Instructional manipulations and age differences in memory: Now you see them, now you don't. *Psychology and Aging, 16*(4), 697-706.

Rock, P. L., Roiser, J. P., Riedel, W. J., & Blackwell, A. D. (2014). Cognitive impairment in depression: a systematic review and meta-analysis. *Psychological Medicine, 44*(10), 2029-2040.

Rogers, T. B., Kuiper, N. A., & Kirker, W. S. (1977). Self-reference and encoding of personal information. *Journal of Personality and Social Psychology, 35*(9), 677-688.

systems supporting learning and memory. *Journal of Cognitive Neuroscience, 4*(3), 232-243.
髙山緑（2009）「知恵――認知過程と感情過程の統合」『心理学評論』52(3), 343-358.
山根紘矢（2016）「将棋の熟達化と視覚情報――視線追跡による検証」神戸大学発達科学部卒業論文（未公刊）

第2章

Baltes, P. B., & Baltes, M. M. (1990). Psychological perspectives on successful aging: the model of selective optimization with compensation. In P. B. Baltes, & M. M. Baltes (Eds.), *Successful Aging: Perspectives from the Behavioral Sciences,* (pp.1-34). Cambridge: Cambridge University Press.
Emilien, G., Durlach, C., Antoniadis, E., Van der Linden, M., & Maloteaux, J.-M. (2004). *Memory: Neuropsychological, Imaging, and Psychopharmacological Perspectives.* London: Psychology Press.
Fernández-Ballesteros, R., Bustillos, A., & Huici, C. (2015). Positive perception of aging and performance in a memory task: compensating for stereotype threat? *Experimental Aging Research, 41*(4), 410-425.
藤田綾子（2007）『超高齢社会は高齢者が支える――年齢差別を超えて創造的老いへ』大阪大学出版会.
Harris, J. E. (1978). External memory aids. In M. M. Gruneberg, P. E. Morris, & R. N. Sykes (Eds.), *Practical Aspects of Memory,* (pp.172-179). London: Academic Press.
林田健，中条薫，渡邉儀一（2010）「らくらくホンの開発コンセプトと機能」『FUJITSU』61(2), 184-191.
Holzinger, A., Searle, G., & Nischelwitzer, A. (2007). *On some aspects of improving mobile applications for the elderly.* Universal Access in Human Computer Interaction. coping with diversity, 923-932.
Kang, N. E., & Yoon, W. C. (2008). Age-and experience-related user behavior differences in the use of complicated electronic devices. *International Journal of Human-Computer Studies, 66*(6), 425-437.
Kormi-Nouri, R. (2000). The role of movement and object in action memory: a comparative study between blind, blindfolded and sighted subjects. *Scandinavian Journal of Psychology, 41*(1), 71-76.
厚生労働省（2014）『平成 26 年　患者調査の概況』https://www.mhlw.go.jp/toukei/saikin/hw/kanja/14/
増本康平，長島怜希（2012）「高齢者の携帯電話リマインダ機能操作方法の学習特性」『神戸大学大学院人間発達環境学研究科研究紀要』6(1),

norvig. com/21-days. html
Park, D. C., Lautenschlager, G., Hedden, T., Davidson, N. S., Smith, A. D., & Smith, P. K. (2002). Models of visuospatial and verbal memory across the adult life span. *Psychology and Aging, 17*(2), 299-320.
Patterson, K., Nestor, P. J., & Rogers, T. T. (2007). Where do you know what you know? The representation of semantic knowledge in the human brain. *Nature Reviews Neuroscience, 8*(12), 976-987.
Piolino, P., Desgranges, B., Clarys, D., Guillery-Girard, B., Taconnat, L., Isingrini, M., & Eustache, F. (2006). Autobiographical memory, autonoetic consciousness, and self-perspective in aging. *Psychology and Aging, 21*(3), 510-525.
Raz, N. (2005). The aging brain observed in vivo: differential changes and their modifiers. In R. Cabeza, L. Nyberg, & D. Park (Eds.), *Cognitive Neuroscience of Aging: Linking Cognitive and Cerebral Aging* (pp. 19-57). New York: Oxford University Press.
Raz, N., Ghisletta, P., Rodrigue, K. M., Kennedy, K. M., & Lindenberger, U. (2010). Trajectories of brain aging in middle-aged and older adults: Regional and individual differences. *NeuroImage, 51*(2), 501-511.
Raz, N., Lindenberger, U., Rodrigue, K. M., Kennedy, K. M., Head, D., Williamson, A., . . . Acker, J. D. (2005). Regional brain changes in aging healthy adults: general trends, individual differences and modifiers. *Cerebral Cortex, 15*(11), 1676-1689.
Rendell, P. G., & Thomson, D. M. (1999). Aging and prospective memory: differences between naturalistic and laboratory tasks. *The Journals of Gerontology Series B-Psychological Sciences and Social Sciences, 54B*(4), 256-269.
Rubin, D. C., & Schulkind, M. D. (1997). The distribution of autobiographical memories across the lifespan. *Memory & Cognition, 25*(6), 859-866.
Salthouse, T. A. (1996). The processing-speed theory of adult age differences in cognition. *Psychological Review, 103*(3), 403-428.
佐藤眞一，髙山緑，増本康平（2014）『老いのこころ――加齢と成熟の発達心理学』有斐閣.
Sheridan, H., & Reingold, E. M. (2014). Expert vs. novice differences in the detection of relevant information during a chess game: evidence from eye movements. *Frontiers in Psychology, 5, 941*.
白川雅之，増本康平，友田洋二，東山毅，横山和正（2007）「健忘症患者における日常行動評価リストの開発」『神経心理学』23(1), 49-57.
Squire, L. R. (1992). Declarative and nondeclarative memory: Multiple brain

London: Academic Press.（増本康平訳〔2008〕「第 10 章　記憶のエイジング」J・E・ビリン，K・W・シャイエ編，藤田綾子，山本浩市監訳『エイジング心理学ハンドブック』〔pp.151-164〕北大路書房）
Hyland, D. T., & Ackerman, A. M. (1988). Reminiscence and autobiographical memory in the study of the personal past. *Journals of Gerontology, 43* (2), 35-39.
生田哲（2002）『脳の健康――頭によいこと，わるいこと』講談社.
伊藤毅志，松原仁，ライエル・グリンベルゲン（2004）「将棋の認知科学的研究(2)　次の一手実験からの考察」『情報処理学会論文誌』45(5)，1481-1492.
岩佐一，鈴木隆雄，吉田祐子，吉田英世，金憲経，古田丈人，杉浦美穂（2005）「地域在宅高齢者における記憶愁訴の実態把握　要介護予防のための包括的健診（「お達者健診」）についての研究(3)」『日本公衆衛生雑誌』52(2), 176-185.
Jacoby, L. L., Bishara, A. J., Hessels, S., & Toth, J. P. (2005). Aging, subjective experience, and cognitive control: Dramatic false remembering by older adults. *Journal of Experimental Psychology: General, 134* (2), 131-148.
Jelicic, M. (1995). Aging and performance on implicit memory tasks: a brief review. *International Journal of Neuroscience, 82* (3-4), 155-161.
河野理恵（1999）「高齢者のメタ記憶――特性の解明，および記憶成績との関係」『教育心理学研究』47(4), 421-431.
Knowlton, B. J., Mangels, J. A., & Squire, L. R. (1996). A neostriatal habit learning system in humans. *Science, 273* (5280), 1399-1402.
Krampe, R. T., & Ericsson, K. A. (1996). Maintaining excellence: Deliberate practice and elite performance in young and older pianists. *Journal of Experimental Psychology: General, 125* (4), 331-359.
増本康平，林知世，藤田綾子（2007）「日常生活における高齢者の展望的記憶に関する研究」『老年精神医学雑誌』18(2), 187-195.
Masumoto, K., Nishimura, C., Tabuchi, M., & Fujita, A. (2011). What factors influence prospective memory for elderly people in a naturalistic setting? *Japanese Psychological Research, 53* (1), 30-41.
McDonald-Miszczak, L., Hertzog, C., & Hultsch, D. F. (1995). Stability and accuracy of metamemory in adulthood and aging: a longitudinal analysis. *Psychology and Aging, 10* (4), 553-564.
Nelson, K., & Fivush, R. (2004). The emergence of autobiographical memory: a social cultural developmental theory. *Psychological Review, 111* (2), 486-511.
Norvig, P. Teach yourself programming in ten years. 2001. Website: http://

主要参考文献

第 1 章

Bäckman, L., & Farde, L. (2005). The role of dopamine systems in cognitive aging. In R. Cabeza, L. Nyberg, & D. Park (Eds.), *Cognitive Neuroscience of Aging: Linking Cognitive and Cerebral Aging* (pp. 58-84). New York: Oxford University Press.

Baltes, P. B., & Staudinger, U. M. (2000). Wisdom: A metaheuristic (pragmatic) to orchestrate mind and virtue toward excellence. *American Psychologist, 55* (1), 122-136.

Bosman, E. A. (1993). Age-related differences in the motoric aspects of transcription typing skill. *Psychology and Aging, 8* (1), 87-102.

Brickman, A. M., Zimmerman, M. E., Paul, R. H., Grieve, S. M., Tate, D. F., Cohen, R. A., . . . Gordon, E. (2006). Regional white matter and neuropsychological functioning across the adult lifespan. *Biological Psychiatry, 60* (5), 444-453.

Chase, W. G., & Simon, H. A. (1973). Perception in Chess. *Cognitive Psychology, 4* (1), 55-81.

Collins, A. M., & Loftus, E. F. (1975). A spreading-activation theory of semantic processing. *Psychological Review, 82* (6), 407-428.

Drachman, D. A. (2005). Do we have brain to spare? *Neurology*, 64 (12), 2004-2005.

De Groot, A. D., Gobet, F., & Jongman, R. W. (1996). *Perception and memory in chess: Studies in the heuristics of the professional eye*. Van Gorcum & Co.

Fleischman, D. A., & Gabrieli, J. D. E. (1998). Repetition priming in normal aging and Alzheimer's disease: A review of findings and theories. *Psychology and Aging, 13* (1), 88-119.

Fleischman, D. A., Wilson, R. S., Gabrieli, J. D. E., Bienias, J. L., & Bennett, D. A. (2004). A longitudinal study of implicit and explicit memory in old persons. *Psychology and Aging, 19* (4), 617-625.

Grady, C. L. (2000). Functional brain imaging and age-related changes in cognition. *Biological Psychology, 54* (1-3), 259-281.

Henry, J. D., MacLeod, M. S., Phillips, L. H., & Crawford, J. R. (2004). A meta-analytic review of prospective memory and aging. *Psychology and Aging, 19* (1), 27-39.

Hoyer, W. J., & Verhaeghen, P. (2006). Memory aging. In J. E. Birren, & K. W. Schaie (Eds.), *Handbook of the Psychology of Aging* (6th ed.) (pp. 209-232).

増本康平（ますもと・こうへい）

1977年，大阪府生まれ．神戸大学大学院人間発達環境学研究科准教授．2005年大阪大学大学院人間科学研究科博士課程修了．博士（人間科学）．日本学術振興会特別研究員，大阪大学大学院人間科学研究科助教，島根大学法文学部講師を経て，2011年神戸大学に着任．スタンフォード大学長寿センター客員研究員．専門分野は，高齢者心理学，認知心理学，神経心理学．

著書『エピソード記憶と行為の認知神経心理学』（ナカニシヤ出版，2008年）

老《お》いと記憶《きおく》
中公新書 2521

2018年12月25日初版
2019年4月15日再版

著　者　増本康平
発行者　松田陽三

本文印刷　暁印刷
カバー印刷　大熊整美堂
製　本　小泉製本

発行所　中央公論新社
〒100-8152
東京都千代田区大手町1-7-1
電話　販売　03-5299-1730
　　　編集　03-5299-1830
URL　http://www.chuko.co.jp/

Published by CHUOKORON-SHINSHA, INC.
Printed in Japan　ISBN978-4-12-102521-0 C1211

中公新書刊行のことば

いまからちょうど五世紀まえ、グーテンベルクが近代印刷術を発明したとき、書物の大量生産は潜在的可能性を獲得し、いまからちょうど一世紀まえ、世界のおもな文明国で義務教育制度が採用されたとき、書物の大量需要の潜在性が形成された。この二つの潜在性がはげしく現実化したのが現代である。

いまや、書物によって視野を拡大し、変りゆく世界に豊かに対応しようとする強い要求を私たちは抑えることができない。この要求にこたえる義務を、今日の書物は背負っている。だが、その義務は、たんに専門的知識の通俗化をはかることによって果たされるものでもなく、通俗的好奇心にうったえて、いたずらに発行部数の巨大さを誇ることによって果たされるものでもない。現代を真摯に生きようとする読者に、真に知るに価いする知識だけを選びだして提供すること、これが中公新書の最大の目標である。

私たちは、知識として錯覚しているものによってしばしば動かされ、裏切られる。私たちは、作為によってあたえられた知識のうえに生きることがあまりに多く、ゆるぎない事実を通して思索することがあまりにすくない。中公新書が、その一貫した特色として自らに課すものは、この事実のみの持つ無条件の説得力を発揮させることである。現代にあらたな意味を投げかけるべく待機している過去の歴史的事実もまた、中公新書によって数多く発掘されるであろう。

中公新書は、現代を自らの眼で見つめようとする、逞しい知的な読者の活力となることを欲している。

一九六二年一一月

中公新書

心理・精神医学

c1

- 2125 心理学とは何なのか　永田良昭
- 481 無意識の構造(改版)　河合隼雄
- 557 対象喪失　小此木啓吾
- 2061 認知症　池田学
- 2521 老いと記憶　増本康平
- 1749 精神科医になる　熊木徹夫
- 515 少年期の心　山中康裕
- 2432 ストレスのはなし　福間詳
- 1324 サブリミナル・マインド　下條信輔
- 2460 脳の意識 機械の意識　渡辺正峰
- 2202 言語の社会心理学　岡本真一郎
- 1859 事故と心理　吉田信彌
- 666 犯罪心理学入門　福島章
- 565 死刑囚の記録　加賀乙彦
- 1169 色彩心理学入門　大山正
- 318 知的好奇心　波多野誼余夫・稲垣佳世子
- 599 無気力の心理学　波多野誼余夫・稲垣佳世子
- 907 人はいかに学ぶか　稲垣佳世子・波多野誼余夫
- 2238 人はなぜ集団になると怠けるのか　釘原直樹
- 1345 考えることの科学　市川伸一
- 757 問題解決の心理学　安西祐一郎
- 2386 悪意の心理学　岡本真一郎

中公新書

社会・生活